抖音电商

精准定位+通晓算法+引流运营+直播带货+橱窗卖货

全权　编著

U0366456

清华大学出版社
北京

内 容 简 介

本书凝聚了作者开发的畅销20多万份抖音热门课程的内容精华，并结合笔者运营抖音的大量实战经验，以及孵化多位抖音网红的技巧，打造出了一套抖音电商高效运营方法。本书能够帮助抖音读者在精准定位、通晓算法、内容创作、吸粉引流、营销运营、直播带货、橱窗卖货等方面全面深入地学习，快速玩转抖音短视频电商运营。

本书适合刚进入抖音短视频平台创业的自媒体或新媒体人士，适合拥有个人淘宝、天猫等网店的店主，以及想通过短视频打造个人IP、宣传公司品牌和形象的人士阅读。

图书在版编目(CIP)数据

抖音电商：精准定位+通晓算法+引流运营+直播带货+橱窗卖货 / 全权编著. —北京：清华大学出版社，2020.5（2022.10重印）

ISBN 978-7-302-55371-7

Ⅰ. ①抖… Ⅱ. ①全… Ⅲ. ①网络营销 Ⅳ. ①F713.365.2

中国版本图书馆CIP数据核字(2020)第069070号

责任编辑：张 瑜 杨作梅
封面设计：杨玉兰
责任校对：吴春华
责任印制：杨 艳
出版发行：清华大学出版社
   网 址：http://www.tup.com.cn, http://www.wqbook.com
   地 址：北京清华大学学研大厦A座　　　　　邮 编：100084
   社 总 机：010-83470000　　　　　　　　　邮 购：010-62786544
   投稿与读者服务：010-62776969, c-service@tup.tsinghua.edu.cn
   质量反馈：010-62772015, zhiliang@tup.tsinghua.edu.cn
印 装 者：小森印刷霸州有限公司
经 销：全国新华书店
开 本：170mm×240mm　　　印 张：15.25　　　字 数：292千字
版 次：2020年6月第1版　　　　　　　　　　　印 次：2022年10月第9次印刷
定 价：59.80元

产品编号：086243-01

前言

我之前是在传统影视公司做经纪人，为一些明星和网红对接与策划商业活动。因为传统影视行业天花板太低，所以转型和朋友利用互联网创业。因为项目方向问题与朋友产生分歧，就自己出来创业，在 2016 年成立了"懂我星球"这个项目。

"懂我星球"是一家以知识付费为切入点的短视频网红孵化公司，为什么要做这么一件事呢？原因是，我们在 2018 年下半年发现玩抖音的人越来越多。当时我们的想法比较简单，就想着让我们的老师通过抖音实现专业内容变现。其中我们有一个教小白唱歌的媛媛老师，当时我们给老师定位为抖音热门歌曲教学，3 个月的时间涨粉 50多万，可能大家觉得这个粉丝量并不高，但是，接下来列出一组数据，大家就不会这么认为了。媛媛老师有一个 199 元的视频课，每个月在抖音上就有 600 人左右引流到她的微信，买课率极高，每个月仅课程收益就有将近 10 万元，这还不算媛媛老师线上咨询和线下的后端培训收益。正是因为看到了抖音上引流变现的可能性，"懂我星球"就全力转型做短视频。在不到两年的时间里，我带领团队为素人老师独家策划了 20 多门线上课程，内部也孵化签约了数十位短视频创作者。在 2019 年 4 月我也做了一套课程，叫"抖音赚钱全攻略"，课程在全平台分发，一个月销售量达 1 万多份，全网排名第一。

向大家分享这些案例的目的是想告诉大家，抖音已经成了新的流量聚集地，请一定要抓住时机。尤其是 5G 时代的来临，网络资费更便宜，网速也会更快，3 秒就能下载一部电影，在未来将会有无数的机会应运而生。

抖音是一块正在被开发的处女地，你现在行动，找到未被市场满足的领域，一个月涨粉 100 万确实很难，但是轻松涨粉 10 万还是有机会的。在这个社会，似乎有很多渠道可以赚钱，只要我们足够勤奋，总会有我们的立足之地。如果想赚更多的钱，单凭努力显然是不够的。曾经我认为只要自己脚踏实地，一步一个脚印，一定可以在一线城市打拼出一番天地。直到大学毕业三年后，我仍旧一个月拿着几千元钱的薪资，交完房租和水电费，省吃俭用却依旧存不下钱，我和大多数北漂青年一样充满着深深的无力感。这种无力感让自己看不到任何前途和希望，觉得自己这一辈子可能永远就这样了！那种感觉，就好像陷进了沼泽地一般，你越拼命挣扎，你越无法自拔，那种对前途的渴望，如同新鲜的空气一般珍贵。可是，除了拼命挣扎，还能做点什么呢？直到有一天，看到一本书里的一句话，让我如同触电一般："人和人之间的差别其实是认知的差别。"是的，人的智商差别其实并不大。真正让人们产生差距的是眼界，而所谓的眼界就是看到的和内心坚信的东西。这就好比一个普通人想快速赚钱，他会去找市面上工资比较高的工作，哪怕苦点累点，他都愿意接受。最后，发现做快递员或者外卖员挺不错的，不但薪资高而且立马能上手。于是为了赚更多的钱，别人一天跑 10 个小时，他一天跑 15 个小时，每天至少能多赚 150 元。按照这个逻辑，确实赚得多了，但是自己的时间越来越不够用，没有时间学习和思考，更没有自己的生活，永远不知道诗和远方的滋味，只剩下手上的单子。

可能说到此时会有读者好奇，你前面讲了这么多，和这本书又有什么关系呢？当然有关系，因为我选择了一条和大众不一样的路，所以利用很短的时间实现了月入 10 万元的小目标。无论我现在工作与否，我都有税后被动收入！

我不再选择做一眼望到头的工作，而选择了大家都不愿意做，也不敢轻易尝试的工作——自媒体创业。其实创业也并没有什么值得讲的内容，因为创业在这个年代并不是什么新鲜事，毕竟创业也只是一种生活方式。

但是，正是这种生活方式让我快速地成长，找到了快速崛起的方法——找风口。什么是风口？简单来讲，就是未来几年内一定会火的事。譬如，早期的房地产时代，你没有机会参与；淘宝电商刚兴起的时候，你没有下手；微信公众号正火的时候，你看不懂；微商慢慢开始渗透到你的生活，你又瞧不上。如果你还在犹豫，你错过的将不仅是房地产、电商和微商的风口，接下来你会继续错过短视频的风口。风口面前人人平等，面对新生的事物，大家都需要重新学习。

抖音作为今日头条孵化的产品，背后有着强大的算法，通过标签分发，让每一个人都能看到自己感兴趣的内容。正是这套强大的算法，每一个关注你的用户，都将成为你的潜在客户。无论你卖的是实体产品还是虚拟服务，用户主动上门的例子在抖音上数不胜数。很多人对于抖音短视频的认知还只停留在它是一个社交平台的层面，其实它不仅是社交平台，它更是社会化传播和交易的平台。为什么这么说呢？玩抖音的人大都知道奔驰漏油事件。因为有人把奔驰女车主坐在奔驰上哭诉的视频放到抖音上，在很短的时间内引发全网讨论，这件事的相关播放量超过了 1 亿次。微博热搜就是全民关心的话题事件，而短视频的传播比文字更快、更直观。

当然还有短视频电商，以前人们买东西是在淘宝上搜索自己想要的产品。在抖音上看到好物推荐的视频，你本来对很多东西没有需求，但是因为喜欢这个主播或者产品的使用场景，看的同时就激发了购物欲望。比如"口红一哥"李佳琦，14000 支口红一分钟内卖断货。为什么一个 90 后有如此大的能力？就是因为李佳琦对口红的理解比女孩子还要深刻，很多女孩子看他的视频就是为了学习关于口红方面的知识，看着看着，就被"种草"了。

抖音不但给个人带来了商业机会，对商家来说也是有无限商机的。例如，有一条短视频在抖音带火了"答案茶"这个品牌，众多加盟商要加入。未来，大部分的商家都会入驻抖音平台，抖音将成为视频版的"大众点评"。

为了帮助更多的人玩转抖音，我特意写了这本与抖音相关的书籍，将我所有的心得都融入书中，以帮助大家在短视频的时代，都能赚取属于自己的一桶金！

最后，希望看到这本书的读者，抓住这个时代的小趋势做正确的事，而不再是靠线性思维，用自己宝贵的时间去维持一份糊口的工作！

编　者

目 录

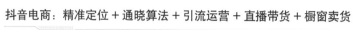

第1章

抖音电商：抖音成为电商流量的新宠

学前提示

　　随着抖音的快速发展，人们在平台上看到了越来越多的商机。对于电商运营者来说，流量就等于发展的机遇。因此，拥有巨大流量的抖音，自然就成了电商的新宠。

要点展示

- 不变的商业：从电商到微商，再到抖商
- 杀出重围：抖音究竟凭借什么秘诀
- 400多个短视频平台，为什么要选择抖音

1.1 不变的商业：从电商到微商，再到抖商

最近几年国内互联网的发展非常迅猛，它不但改变了人们的生活方式，让人们的生活越来越方便，也让中国互联网的普及率跃居全球第一。

不管互联网怎么发展，各大公司的竞争，其本质还是流量的竞争，毕竟这是一个用户为王的时代，谁手上掌握了大量用户，谁就能够构建自己的商业帝国。

在中国互联网的发展过程中，新平台的崛起带来了三次电商红利期。第一次是 2003 年淘宝成立后，许多人通过开淘宝店开启了电商之旅；第二次是 2011 年微信出现后，部分人通过微信做起了微商；第三次就是现在，随着短视频的快速发展，许多人借助抖音做起了抖商。

1.1.1 电商的代表——淘宝

20 世纪末和 21 世纪初，网络技术得到快速发展，再加上人们生活节奏的加快，越来越多的消费者开始寻求更加快速和便捷的购物体验。

为了适应这种需求，商家开始聚集于以淘宝为代表的电商平台，由此开启了电商时代。因为电商具有选择的多样性、价格便宜、购物便利等优点，所以越来越多的消费者开始将其作为主要的消费方式。

也正是因为如此，许多人意识到电商已经成为一种主流的消费方式，而且电商开店的成本相对来说更低一些，所以越来越多的商家开始开展电子商务，通过电商平台销售自己的产品，部分商家甚至将销售的重心转移到电商平台上。

1.1.2 微商的代表——微信

淘宝当初用了十年时间发展了不到 1000 万从业者，而微商仅仅用了一年时间就拥有了超过 1000 万的从业者。

严格意义上说，微商是电商的一种形式，除了依托微信生态外，两者最大的不同在于，电商通过长期消费行为来积累信任，而微商依靠社交关系的信任来产生消费，微商的消费行为大多发生在熟人之间。

从电商发展到微商，其根本原因在于，当前存在着商品过剩，人们需要一种快速分辨和决策的判断依据。以前人们购买商品更多的是看品牌，对于人们来说，大品牌的东西就是选得放心、用得安心。于是在某段时间内，刷牙用高露牙膏，洗头发用海飞丝洗发露就成了许多人固有的想法。

随着品牌的增多，人们在选择某种产品时，会有越来越多的可选择性。此时，就出现了一系列问题：应该选择哪款产品？这款产品的功效如何？这个货架上面

摆的是不是假货？

因为问题太多，难以抉择，人们又不想接受试错成本，所以，许多人就选择了一种相对保险的做法，那就是参考懂行的"熟人"的意见。于是，在这种情况下，那些微商便获得了快速的发展。

1.1.3 抖商的代表——抖音

无论是品牌、体验式、参与式或者口碑消费，最终的目的都是使消费者相信我们的产品，而成交的核心就在于两个字：信任。

所以，为了构建这种信任，我们会在不同的时期采取不同的经营模式。微商如此，如今通过抖音造就的抖商更是如此。抖商发展很重要的一个原因就在于，抖音平台的成熟度可以实现传播和销售的一体化。

在过去，做营销的人都知道，传播和销售是两个不同的概念。市场部负责宣传推广产品，销售部则负责实际业务交易。但是，现在我们发现，传播和交易已经变成密不可分的整体。哪里有流量，哪里就是传播和销售的战场。

在依靠电视做广告的年代，很多传统企业依托央视重金广告成为大品牌，而现在，即使你花 10 倍的广告费用，也很难达到当初的宣传效果。

为什么呢？因为现代人的时间被切割成碎片，市场的传播途径开始变得复杂，所以现在品牌营销就面临着重重挑战。市场更为分散，难以覆盖，传统的媒介渠道效率变得越来越低，已很难全面覆盖、有效地触达目标用户。

用户的需求变得多元化、个性化以及更加垂直和细分，人群的圈层化也非常明显，如果品牌只是采用常规的标准化策略与打法，将很难再让目标用户心动并产生行动。

作为一个拥有巨大流量的短视频平台，抖音不但有购物车、商品橱窗等便利的购物环节，还可以让用户在观看过程中实时地下单购买。

截至 2019 年 1 月，抖音日活跃用户总数超过 2.5 亿，月活跃用户数超过 5 亿，已经成为国内最大的短视频平台。2019 年是 5G 发展的重要一年，用户的增量红利将进入用户的时长红利。有业内研究机构称，短视频、直播等将成为未来主流媒体播报新闻的首要选择。

所以，抖音正在成为各大商家争抢的客源地。比如，被称为"口红一哥"的李佳琦，一分钟就能卖掉 14000 支口红；还有以分享穿搭进行带货的金大班等。很多达人都在利用抖音做生意，其原因有以下五点。

1. 粉丝接受度高

相比其他平台或者其他方式的直接硬性广告，抖音平台上的广告形式更容易让用户和粉丝接受，通过精美的视频＋音乐＋情节，能让商家的产品直观鲜明地展现在粉丝眼前，再加上粉丝效应，就更容易实现带货转化了。

2. 所获用户更精准

什么是精准的用户群？比如，你的产品是化妆品，可以找像"热腾腾的白水"这种腰部时尚美妆账号投放广告，直接获得目标人群的关注。如果没有广告预算，可以直接做电商种草号，拍摄所使用产品的内容，软广告植入你的产品，这样吸引过来的用户都是精准人群。

3. 能触达更多用户

众所周知，传统电商的局限性很大。抖音是去中心化的，它的推荐机制非常公平，只要内容足够好，就能上热门，让更多人看到。

4. 抖音是个大的聚宝盆

如今的抖音已经是日活跃用户 2.5 亿，月活跃用户 5 亿的国民 App 了。不但活跃用户群基数大，而且抖音上的用户大都是一、二、三线城市的年轻人群，对于商家、产品而言，不仅是提高曝光度的好地方，还非常适合产品的转化。

5. 做"抖商"的门槛低

只要拥有一部手机，就可以做"抖商"，这比起淘宝电商要简单得多。

从电商到微商，再到抖商，不仅折射了用户的喜好在不断变化，也体现了商业模式的变化，微商、传统电商从业者大规模涌入抖音的背后，是抖音日益彰显的流量与变现能力。

贝壳视频的创始人兼 CEO 刘飞曾说，目前贝壳视频收入主要来自广告 + 电商，广告所占比重大。他对于未来的商业化目标有更大的信心："短期内，至少这两三年，短视频广告会是一个很大的市场，因为目前仅仅是开端，接下来会有更多的品牌主将短视频广告包含在预算内，而且预算盘子也会越来越大。"

那些从微商、电商转行而来的后来者们，更想抓住抖音快速商业化的机会。笔者身边一位做微商的朋友就说："之前都赶晚了。我曾经做过淘宝客，后来做微商，但都不是在最好的时机。现在风口很显然就是抖音，错过了微商，不能再错过抖商了。"

抖商大学的董事长强小明也曾说过自己错过了微商时代，希望能在抖音做一些正能量的引导。和那些从微商转作抖商的人不一样，他更愿意将抖商称为短视频变现，他说："我们就希望讲一个很真实的案例，告诉大家它是怎么创作内容，怎么带火流量，怎么建设供应链，怎么维护用户关系，怎么做品牌形象建设的。"

所有人都期待在抖音商业化的浪潮中分一杯羹。正如《失控》作者凯文·凯利所说："目光聚集之处，金钱必将追随。"

2016 年 9 月，抖音上线；2017 年 9 月从第一支品牌视频广告开启商业化路程；2018 年更是推出星图平台、企业蓝 V 计划等商业化措施。

显然，抖音的商业化程度也在逐渐加深，不管是打造个人 IP 影响力，还是塑造企业商业化品牌形象，抖音成为目前必不可少的一个平台。

1.2　杀出重围：抖音究竟凭借的是什么秘诀

当 2016 年 9 月抖音上线时，已经有许多互联网巨头进军短视频市场了，当时的短视频产品可谓琳琅满目，而抖音在经过短暂探索之后便快速走红，很快地杀出重围，与短视频行业老大"快手"齐名。

在竞争如此激烈的市场中，没有先发优势的抖音却能杀出重围，那么它究竟有什么取胜的秘诀呢？这一节笔者将进行具体的分析。

1.2.1　抖音的产品定位

抖音的产品定位是 15 秒音乐短视频社交工具。从抖音当前的主要特点来看，其主要用户群体及需求如下。

(1) 自媒体、网红、明星等：这群人本身就拥有一定的影响力，他们更多的是希望借助优质短视频内容的发布，在增加粉丝的同时，进一步提升自身影响力，并在此过程中获得一定的收益。

(2) 网店及第三方运营人员：这部分人主要就是希望通过抖音平台提高自身的知名度，并将抖音的流量引导至目标平台。

(3) 积极的运营者：这部分人本来的知名度不大，其主要目的就是通过抖音的运营，打造个人 IP，从而通过抖音获得更多收益。

(4) 消遣的用户：这部分人通常不会主动创作短视频，他们只是将抖音作为一个消遣的工具，没事就刷一刷，单纯为了娱乐。

1.2.2　抖音的竞品分析

目前，抖音的产品定位是主打音乐短视频的社交工具，有直播功能。它的竞品主要有以下四种。

1. 快手

以"记录生活，记录你"为口号的快手自 2012 年转型为短视频社区以来，就着重于记录用户生活并进行分享。其后，随着智能手机的普及和流量成本的下降，这一款手机应用也迎来了发展的春天。

2019 年 8 月 28 日，快手商业生态负责人徐晗曦在快手商家号升级发布会上表示：快手每日新增用户数超过 1 万，快手商家号用户已超过 60 万，且每日新增的商家作品超过 50 万。

在笔者看来，快手发展得如此迅速，与其特性和热门综艺认证是分不开的。就如其中的滤镜和魔法表情，就是喜欢拍摄短视频的运营者需要用到的，且在这方面有一定优势，特别是在种类和效果上。图 1-1 所示为快手的部分滤镜和魔法表情展示。

图 1-1　快手的部分滤镜和魔法表情展示

另外，快手区别于其他短视频平台的一个重要特征就在于功能的开发上。对于功能，它并不着重于数量的多少，而是追求简单易用，并积极进行功能的提升。也正是这一特征，使得用户乐于使用快手来制作、发布和推广短视频。

以快手的拍摄功能为例，如果运用得好，就能打造优质的视频并进行推广了。首先，可以拍摄具有不同时长限制的视频，具体内容如图 1-2 所示。

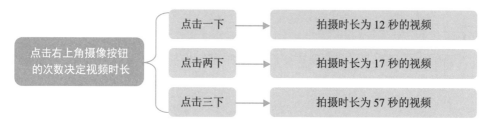

图 1-2　点击右上角摄像按钮的次数决定视频时长

其次，在快手推广视频时，为达到上热门的运营目标，可以设置双标题或多标题。其操作为：在视频编辑页面，点击"更多"按钮，展示更多功能；点击"文字"按钮，进入"文字"页面；选择标题背景和形式，输入文字，设置第一个标题；完成后，再次选择标题背景和形式，输入文字，设置第二个标题，如图 1-3 所示。这样设置后的视频在播放时就会在相应位置显示设置的标题，效果如图 1-4 所示。

图 1-3　快手短视频的双标题设置操作

图 1-4　快手短视频播放时出现设置的标题

最后，如果运营者想要利用短视频推广产品，同样可以在快手中进行设置。在"发布"页面，可以看到一个"个性化设置"按钮，点击该按钮，进入相应页面，通过点击"添加商品或店铺"按钮即可进行相应设置，在发布视频时接入商品或店铺，如图 1-5 所示。

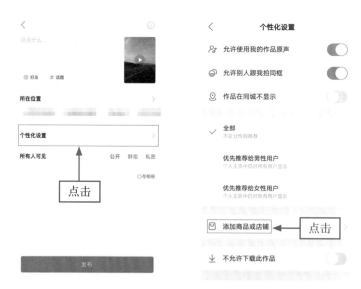

图1-5　快手短视频的接入商品或店铺设置

2. 火山

火山小视频App是由北京微播视界科技有限公司研制发布的一款主打15秒短视频拍摄的手机软件。它号称是最火爆的短视频社交平台，以视频拍摄和视频分享为主。

火山小视频App作为热度较高的一款短视频拍摄软件，有其独特性，主要包括五个方面，具体如下。

(1) 通过平台制作视频非常方便、快捷——只要15秒。

(2) 基于精准的大数据算法，为用户提供个性化内容。

(3) 提供强大的视频特效功能，让视频内容快速升级。

(4) 画质清晰的视频实时上传，给人精美的视觉感受。

(5) 提供直播功能和美颜滤镜，实现用户高颜值直播。

同时，为了加快发展，吸引更多人关注和参与，火山小视频推出了一系列与小视频相关的扶持计划，如图1-6所示。

因此，在火山小视频App上进行推广，一方面可以借助该应用的特点打造个性化视频，另一方面可以借助平台的扶持政策，做到两者兼收，其短视频运营之路还是可期的。

火点计划	这是一项培养 UGC 原创达人的长期扶持计划，在发掘和寻找之后，通过纪录片和宣传片的方式来分享他们与火山小视频之间的真实故事和生活
火苗计划	这一项计划是建立在 10 亿元视频现金补贴基础上的计划，共包括两个核心内容，即开通打赏功能和小视频达人培训计划。变现和培训双管齐下，激励用户打造优质内容
15 秒感动计划	火山小视频基于社会责任，推出了"15 秒感动计划"，旨在通过身边的感人故事，发现和传递社会正能量

图 1-6　火山小视频推出的平台扶持计划

3. 微视

微视作为 BAT 三大巨头之一腾讯旗下的短视频创作和分享平台，是可以实现多平台同步分享的。同时，它作为腾讯的战略级产品，一直处在不断更新和功能研发中。图 1-7 所示为微视 App 的一些版本及功能介绍。

4.0 版本	这一版本更新的功能主要有视频跟拍、歌词字幕和一键美型等，同时与 QQ 音乐千万正版曲库打通，让品牌和产品升级得以全面实现
4.3.1 版本	在原有的基础上更新了"长腿功能"，同时有着腾讯 AI Lab 黑科技的支持，使得一键调节腿部长度和身材比例成为可能，它也因此成为首个研究瘦腿操作的短视频 App
4.8.0 版本	该版本主要更新了五大功能，即直播来袭、创意合拍、分段剪辑、声音贴纸和草稿拍同款，从而让用户能进一步感受短视频拍摄和编辑的乐趣，提升短视频推广价值

图 1-7　微视 App 的一些版本及功能介绍

微视产品 Slogan 为发现更有趣，因此，其短视频内容运营和推广也正是基于这一点而制作的，包括三大主要特点和方向，即"超好拍""超好看"和"超好笑"，如图 1-8 所示。

[超好拍]

随便拍都有趣：神奇画笔，粒子特效，高清美颜，千万正版音乐，尽情玩。还有视频达人手把手教你拍出创意大片！

[超好看]

小哥哥小姐姐怎么这么好看嘤嘤嘤...

小宝宝小猫猫怎么这么萌啊喵喵喵...

帅气激萌超酷美腻，总有一款适合你。

[超好笑]

哈哈哈哈哈哈哈哈笑出声，活动话题全程高能，百看不厌。

图 1-8　微视的三大主要特点和方向

　　在笔者看来，微视与前面介绍的抖音有着很大的相似之处。当然，同样也存在一些不同。首先，在短视频拍摄页面，微视的"美化"功能包括五项内容，相对于其他 App 来说，多了"美体"和"男生妆容适配"两项功能，且在美颜上，其选项呈现出更加细化、多样化的特征，如图 1-9 所示。

图 1-9　微视的"美化"功能介绍

　　其次，还是在短视频拍摄页面，微视的"模板"功能和"声音"功能也是微视短视频的亮点之一。运营者可以利用微视"模板"和"变声"功能制作更多画面精美、更有创意、声音富有个性化与多样化的短视频。图 1-10 和图 1-11 所示为微视的"模板"功能和"声音"功能页面。

　　当然，微视 App 的差异之处还不止这些，这里就不再一一介绍了，运营者可以试着通过拍摄进行对比。

图 1-10　微视的"模板"功能页面

图 1-11　微视的"声音"功能页面

4. 美拍

美拍 App 是一款由厦门美图网科技有限公司研制发布的一款集直播、手机视频拍摄和手机视频后期制作于一身的视频软件。

美拍 App 自 2014 年面世以来，就赢得了众人的喜爱，可以算得上开启了短视频拍摄的大流行阶段。后经众多明星的使用与倾情推荐，将其真正深入人们的心中，每当人们想起短视频拍摄，总会想到美拍 App。

美拍 App 曾创下四个"最"的纪录，具体如下。

(1) 在短视频领域，用户规模最大。

(2) 微博平台上的话题阅读量最多。

(3) "全民社会摇"广场活动参与用户最多。

(4) "扭秧歌"春节拜年活动用户规模最大。

此外，美拍 App 主打"美拍 + 短视频 + 直播 + 社区平台"。这是美拍 App 的第二大特色，从视频开拍到推广和分享，一条完整的生态链，足以使它为用户积蓄粉丝力量，再将其变成一种营销方式。

美拍 App 主打直播和短视频拍摄，以 20 多种不同类型的频道吸引了众多粉丝的加盟与关注。图 1-12 所示为美拍 App 的主要功能用法页面展示。

除上图所示的拍摄功能外，美拍 App 还有一些细节功能：一是为用户提供了 15 秒、60 秒以及 5 分钟的视频时长选择，为用户的短视频拍摄时长提供了更多选择；二是强大的 MV 特效和大头电影等有趣的功能，能帮助用户拍摄出更具个性化的手机短视频；三是表情文让照片也能说话，在线音乐，边听边感受。

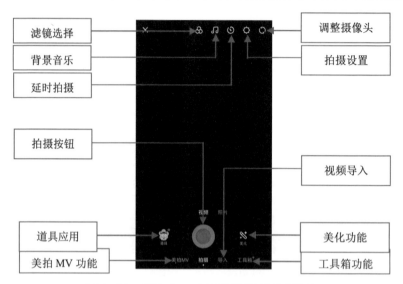

图 1-12　美拍 App 主要功能用法页面展示

1.2.3　抖音快速成长的因素

抖音为了提高用户体验度，针对产品本身存在的问题在不停地进行bug 修复。比如 3D 抖动水印、贴纸、炫酷道具、美颜、全景相机、AR 相机、染发效果和尬舞机等的更新为用户打造了更酷炫的视频玩法。

作为一个音乐短视频社区，如果只有炫酷好玩这些属性，其实是很容易被其他产品所取代的，而社交（尤其是熟人社交）能够很好地解决这个问题。因为熟人的社交关系能够给用户更好的归属感和认同感，可以更好地"黏住"用户，提高其使用频率。因此，抖音的产品定位也从最初的"专注新生代的音乐短视频社区"逐渐转变为"15 秒音乐短视频社交工具"。

为了扩大品牌知名度，抖音也在广告上砸了不少钱。2017 年 6 月首个TVC 广告问世，炫酷吸睛；合作了《我想和你唱》《高能少年团》《中国有嘻哈》等多款热点综艺节目，同时强势登陆《快乐大本营》和《天天向上》，博得了大量年轻人的关注。

此外，其自身举办的各种线上线下的运营活动如"百万英雄"和"抖音iDou 夜"等也黏住了大量的新老用户。简单地说，在发展阶段，抖音就是大量砸钱，请最红的明星、进最火的节目、做最酷的活动，在用户数积累到一定程度后，才慢慢开始通过企业的联合推广实现流量的变现。

总体来说，这个阶段抖音从迭代到运营都在全面发力，用户的活跃度也因此获得了显著的提高。之所以能快速成长，主要有三个因素。

(1) 快跑的迭代开发模式。抖音整体的迭代更新其实十分密集，而且用户提出的问题也总能很快得到解决。此外，新功能方面也能够根据实际的发展情况不断依据用户的真正需求进行上线。

(2) 和强势对手的差异性竞争。这个阶段短视频的老大是快手，而抖音选择了与快手不同的姿态进入短视频市场——、内容的中心化，避开了成熟产品的锋芒，而又不违背其产品定位，正确姿态的入场让抖音得以快速发育。

(3) 精准有力的产品运营方案。抖音敢于大手笔地赞助各种综艺节目和电视台春晚，引入一线明星入驻，还有各种炫酷潮流的线上线下活动，其目的只有一个，那就是吸引用户——爱玩的年轻人。抖音瞄准了这批目标用户的高密度聚集地，抓住了这群年轻人的内心痛点，进行了大量的精准运营，可以说，它把大笔的投入都真正用在了刀刃上。

1.2.4　大量的流量变现

经过一段时间的砸钱增长，抖音拥有了大量用户后，其运营模式有了转变，开始通过自身的大量用户实现流量变现，如进行城市推广和企业联合运营等。这既能增加抖音的知名度，也为抖音带来了十分丰厚的收入。

抖音通过与各种企业联合运营和城市推广活动实现了大量用户的流量变现，在获得丰厚利润的同时，通过自身社交属性的加强实现了让用户数继续不断增长，通过良好的用户体验和社交氛围保证了新用户的留存。

值得注意的是，随着社交化功能的加强，抖音也顺势启动了自己的新slogan——"记录美好生活"。

这意味着抖音将慢慢去除内容中心化，取而代之的是去中心化的发展模式，这将使抖音开启用户的自增长模式。

抖音的迭代方向也开始从以往的单纯围绕 bug 修复和用户的拍摄体验提升，到现在注重用户之间的社交关系，如私信表情包、私信语音、二维码功能以及个人背景图和好友备注等。这些功能的引入大大增强了产品的社交属性，能够更好地满足用户的社交需求。

最近还推出了各种新功能，如 AR 画笔、随拍、热血鼓手、橙子脸、AR 文字等。通过各种各样新的、好玩的小功能，增加用户黏性，依靠自身的优质属性实现用户数的自增长。

其自增长的驱动力主要来源于极佳的用户体验和良好的产品口碑。良好的产品口碑可以让抖音更好地传播，极佳的产品体验和良好的社交氛围则可以保证新用户的留存。

1.2.5　成长节奏的把握

抖音之所以能够在众多的短视频产品中突围而出，主要原因是其成长周期的节奏把握得很好，具体来说可分为以下几点。

1.　和主要竞品的差异化入场

抖音最开始入围短视频领域时，选择了和行业老大快手（去中心化，弱运营）完全不同的入场方式，即内容中心化，强运营推广。差异化的入场竞争让抖音得以存活并快速站稳脚跟，为后面的快速发展奠定基本条件。

2.　迭代节奏稳扎稳打

抖音在功能的迭代路径上，十分稳健，敏捷开发模式在抖音的整个生命周期体现得淋漓尽致。整体方向上，前期注重其工具属性利于拉新，后期注重社交属性利于留存和实现自增长，抓住产品发展不同时期的核心需求进行迭代，也是抖音能杀出重围的一个重要条件。

3.　运营策略上收放自如

收放自如的运营策略也是抖音成功的一个不可忽视的因素。低运营→大量投入运营→合作变现→变现＋品牌打造。该低投入的时候就低投入，该强运营的时候就针对目标群体"快、狠、准"地进行大量轰炸，然后收割流量并打造自身品牌，实现流量、收益、品牌全丰收。

目前，抖音仍处于产品的成熟期，在接下来的一段时间里，它很可能会通过继续和第三方企业进行合作推广，以及引入合作商家等方式进一步实现自身流量的商业化变现。

1.3　400多个短视频平台，为什么要选择抖音

抖音带火了一分钟以内的短视频平台，微博、秒拍、快手等短视频平台不断招募优秀的内容制作团队，内容制作者也开始PGC化，也就是往专业内容制作方向发展，行业竞争逐渐进入白热化阶段。

大概有400家机构涉足短视频，究竟是什么原因让大多数个人创作者和商家选择抖音作为视频自媒体的主战场呢？

在分析抖音本身的特点之前，先来谈谈抖音的前世今生——公司的老大张一鸣和他的头条系列产品。如今字节跳动科技有限公司备受外界关注，他们公司的组织架构不同于大多数互联网公司，内部并没有按业务线划分的事业部，只有三个核心职能部门：技术、用户增长和商业化，分别负责留存、拉新和变现。

这三步是任何一个移动产品从无到有、从小到大的核心。公司员工也是按照

项目组灵活配置，人员的流动性比较大，在其公司，不会出现一个人长期固定在一个岗位的情况。

现在，包括字节跳动在内的许多科技公司，快速打造一个 App 软件早已做到傻瓜式的操作。基本布局、重点功能、图形化设置等，早就有了成熟的可选方案。只要公司看准一个方向，就会同时做好几个产品，哪个先跑出来、数据好，就会重点支持哪个。

2016 年，张一鸣决定发力于短视频，当时抖音、火山、西瓜视频几乎同时启动。刚开始火山的数据表现最好，8 月推出独立 App 软件，两个月后就接入头条算法系统。抖音在前期用户增长并不快，但是随着技术的优化，抖音的留存做得还不错，用户黏性足够高，于是字节跳动所有的优质资源就都倾向于抖音这个项目。

2017 年年初，抖音在短视频排行榜上还只是位列第 90 名，那个时候根本没有被巨头重视。同时段的快手，当时日活人数已经有 1 亿，似乎就要稳坐短视频头把交椅，万万没想到却被抖音弯道超车。快手当时的用户人群主要集中在三、四、五线城市，大都是小镇青年，流行的是老铁文化。而抖音切入的人群恰恰相反，面向一、二、三线城市，活跃在抖音上的都是一群长得好看的小哥哥和小姐姐，他们都有自己的生活方式。

除了人群不一样，快手和抖音的侧重点也不一样。在快手，涨粉相对比较慢，但是粉丝黏性很高，主要是因为快手更重视人设的打造。而抖音是以内容为侧重点，在抖音上不管你是谁，无论你是新手还是达人，只要你的作品互动比达到了推荐标准，抖音就能把你的作品推向热门。

2017 年 8 月，抖音用户量就已达 3.13 亿。仅 2017 年前三个季度，融资就已达 4 亿元，月活跃用户则突破 5 亿。

这就是抖音，一个现象级产品。接下来，再回到这个产品本身，抖音之所以能快速占领市场，背后一定有很多值得学习的地方。这一节，笔者就从五个方面分别进行分析。

1.3.1　一流的 UI 界面设计和用户体验感

抖音上有很多简洁流畅的界面设置和操作细节。就拿界面来说，市面上其他的 App 都会在上方状态栏的最中心位置显示时间，目的就是让用户在使用过程中可以随时知道时间，做好时间管理。

可是抖音的做法就"鸡贼"了，iOS 系统的手机进入抖音的播放界面，是看不到时间的（安卓机可以看到）。它就像大家熟悉的赌场一样，形成了完全封闭式的空间。你几乎看不到窗户，你根本就不知道外面是黑夜还是白天。正是在这种封闭的环境下，用户才会在不知不觉中流逝了时间，正如坊间流传的一句话：

"抖音一分钟，人间一小时！"

另外，就说"关注"这个小操作，下面来对比一下微信公众号、新浪微博、抖音不同的操作细节。

先来看一看微信公众号的关注步骤。众所周知，在阅读一篇文章时要想关注微信公众号，需要先点击文章正文上方的公众号名称，然后进入公众号，再点击"关注公众号"按钮。操作完成后，才会进入公众号平台，并显示欢迎关注的字样，如图 1-13 所示。无疑，用户要关注一个公众号，需要操作的步骤较多，这样做大大地增加了关注难度。

图 1-13　关注微信公众号的操作图

再来看下新浪微博的关注步骤。新浪微博有个"一键关注"的操作，可以自动弹跳出分组页面，但是用户阅读流畅性却不佳，如图 1-14 所示。

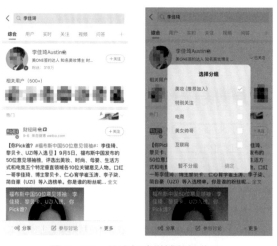

图 1-14　关注新浪微博的操作图

而抖音呢？想要关注对方，既不需要跳转，也不需要悬浮窗，只要你喜欢，点击头像下方的"+"号就好了，如图1-15所示。

图1-15 关注抖音的操作图

1.3.2 特有的推荐算法和内容分发机制

字节跳动公司设置了专门的算法平台组，用以提供最基础的推荐技术。每个产品线都需要人与信息的连接，而技术层面的搜索和算法推荐，特别是算法，正是头条系列产品崛起的内核。抖音就有八大推荐机制，让你看想看的内容。

抖音的slogan就是"记录美好生活"，在内容方面，抖音设置了自身平台的风格和基调，而抖音除了年轻、潮流、好玩等标签之外，更关键的是它能唤起人们内心深处的七情六欲和五感六觉。

抖音推荐并不是单纯以点赞量高为标准，而是根据点赞、完播、转发、关注等数据互动比来判断是否具备进入下一个流量池的资格。

1.3.3 巧妙有趣的挑战和话题互动设置

抖音的挑战和话题具备非常强的互动性，它一直在尝试刻意引导和诱发抖音用户生产互动的行为。

心细的抖友会发现，很多连载剧情类的账号越来越多了，像"浮生当铺""摆渡人""时光出租车"等，每个作品之间的关联和故事性引发了诸多人的围观。比如，刚刷到一个女人被抛弃了，特别悲惨，下一秒摇身一变，形象立马高大上起来，是不是很神奇、很意外。

1.3.4 自成一派的抖音音乐频出"神曲"

许多人在谈到抖音时，会给它贴上一个标签，那就是"神曲制造机"。这主要是因为抖音短视频的一大特点就是会在视频中配备背景音乐，而随着抖音的发展，许多音乐也快速火爆起来。

如《海草舞》《佛系少女》《学猫叫》《讲真的》《沙漠骆驼》《可不可以》《芒种》等歌曲的走红，在很大程度上也得益于其在抖音短视频中的广泛使用。

以《芒种》为例，这首歌曾因为被众多抖音短视频使用而成为"DOU 听音乐榜"的第一名，如图 1-16 所示。

图 1-16　《芒种》因被众多抖音短视频使用而成为"DOU 听音乐榜"第一名

正是因为此歌曲被抖音短视频广泛使用，所以，许多喜欢听音乐的人在抖音中被该歌曲吸引之后，会去其他音乐平台播放和下载该歌曲。于是，在 QQ 音乐"巅峰榜热歌"和酷狗音乐"酷狗 TOP500"中，此歌曲也在同时期成为榜单第一名，如图 1-17 所示。

抖音作为集采集、编辑、发行于一体的平台，对原创音乐的包容性极强，和传统的音乐平台相比，极大地缩短了音乐作品制作上市的流程，也逐渐成为才艺达人的孵化和造星的平台。如果抖音没有那些绕梁三日的魔性 BGM，许多抖音视频作品将会变得索然无趣。

图 1-17　《芒种》成为 QQ 音乐"巅峰榜热歌"和酷狗音乐"酷狗 TOP500"第一名

1.3.5　抖音占据了"天时、地利、人和"

当然，除了一流的界面和体验感、特有的推荐算法和内容分发机制、巧妙的互动设置和洗脑神曲这四点，有别于其他短视频平台的主要因素以外，还有一些和大家不得不说的外部因素，也就是人们常说的天时、地利、人和。

1．天时

相较于微博、微信，目前短视频这种媒介进入高速发展期，其娱乐性、陪伴性、社交性获得了高度认同。

据《2018 中国网络视听发展》的数据显示，截至 2018 年 6 月，我国短视频用户规模达到 5.94 亿，占网络视频用户的 97.5%，同比增长 106%，短视频在整个视频内容行业市场规模中的占比正在迅速扩张。

2．地利

日新月异的技术支撑了短视频行业的发展，诸多层出不穷的视频辅助工具，也推动了行业的繁荣，如快剪辑、爱剪辑、巧影等剪辑软件，还有视频拍摄软件如轻颜相机、美颜相机等，强大的滤镜美颜功能，让人们在镜头里越来越漂亮，越看越好看，也越来越有自信。

3．人和

有人说，国内短视频的发展正在走国外家庭生活记录的路子，在国外，人们需要借助像 YouTube 短视频这样的平台，来记录自己的生活点滴。它比图文更丰富，更有感染力，更有意义。

以前的图文，让人们得以了解一个二维的世界。现在人们通过抖音，自我得以延伸和发展。抖音提供了一个趣味的世界，它的成功也许偶然，但短视频确实是时代发展中的必然。

第 2 章

抖音养号：从 0 到 10 万粉丝养号窍门

学前提示

　　要想让粉丝数量快速地从 0 变为 10 万，其中有一点很关键，那就是通过养号提升账号的权重，以便让抖音内容被抖音推荐给更多用户。

　　抖音如何养号，从而更好地打造吸金账号呢？这一章笔者将从三个方面进行具体解读。

要点展示

- 抖音怎么打造一个权重高的账号
- 做好这三步就能快速养号、提升权重
- 从这些角度出发，打造吸金账号

2.1　抖音怎么打造一个权重高的账号

很多玩抖音的人，因为不懂抖音的规则，没有养号就开始发作品，导致自己的账号权重较低，作品播放推荐量连 200 人都不到。怎样打造一个权重高的账号呢？本节笔者就来解答这一问题。

2.1.1　什么是抖音养号

什么是抖音养号？从字面意思基本就能理解，就是通过一系列刻意操作来提升账号的初始权重。权重是指账号在抖音平台中的位置，权重越高，抖音官方就会给账号更多的播放推荐量，这样推荐量自然也会越高。而推荐量的提高也就意味着有更多的人能看到，你的品牌也就得到了进一步的推广。

养号是抖音运营中非常重要的一个环节，之所以要养号，是因为现在营销号太多了，抖音官方为了将精准的流量分配给优质的内容创作者，会根据不同的维度来检测你的账号是否是一个正常的账号。那么抖音是怎么判断的呢？简单来说，抖音会根据运营账号平时的点赞、完播率、评论、转发、关注等数据是否正常，在此基础上来判定账号的权重。

说到这里，有人可能对于养号还是不太了解，我不就是拍个抖音吗？为什么要这么复杂，其实这个道理比较好理解，现在很多人都把抖音当成一个赚钱的机会，如果是抖音出现的早期，随便拍点什么视频都容易火，而且抖音也不会限流，因此，那个时候很多人拍一个作品就轻而易举涨粉 10 万。

可是现在抖音平台每天都有数十万作品更新，这其中大部分作品在抖音看来是垃圾作品。那么抖音是如何区分垃圾账号的呢？就是看你平时玩抖音的行为轨迹，这也就回到前面说的养号了。

养号最终的目的也就是告诉抖音你是一个正常用户，你不会利用账号在平台上乱来，从而获取平台信任，让平台给你相应的流量。

大多数人都犯过同样的错误，就是看到别人说玩抖音能赚钱，于是上来就开始发作品，暂且先不说作品的质量，就说作品的播放、推荐量，也就是看的人数，是不是大多数在 300 以下？

为什么这样呢？是因为你一上来就发作品，这就好比你不认识对方，上来就想跟别人借钱，别人能借给你吗？

同样的道理，你要先通过一系列操作获取抖音的信任，让平台知道你是个正常用户，然后再精心准备一个作品发出去。

2.1.2　哪几个阶段需要养号

上一节讲了什么是养号，相信大家对养号已经有了一个初步的认知。下面就来讲解哪几个阶段需要养号。如果你是下面四种情况之一，就要有意识地开始养号了。

1. 刚刚注册的新抖音号

这个比较好理解，在第一节课讲过，作为一个新人，需要先熟悉平台的规则，通过一系列正规操作，让抖音知道你是个好人，你不会乱来。

2. 注册很久的老抖音号

很多人以前没意识到抖音的重要性，曾经下载过，觉得浪费时间又删除了，等意识到原来抖音蕴藏着大量机会的时候，又把自己卸载的抖音重新下载回来。这种账号，超过半年都是在刷视频，也就是在看热闹，自己很少会发视频。总之，就是作为一个曾经的旁观者，现在想在抖音上做点事情。

如果你刚再次下载抖音就马上发作品，这就好像平时你不联系对方，突然联系对方，不是你转型做微商了，就是你缺钱了。抖音也害怕，你目的性太强了，有可能会破坏它的生态规则。那么，你是不是要花点时间给抖音一个重新认识你的机会呢？

3. 收到官方警告和降权的抖音号

很多人在玩抖音的时候，不管三七二十一，一上来就打广告，结果就收到抖音的文字警告或者被限流了。什么意思呢？就是人家给你关小黑屋了，你只能自己跟自己玩。这样的账号就好比你犯了错误，进了监狱一样。如果在监狱里还不知悔改，那就只能将牢底坐穿了。

4. 推荐播放量经常在 300 以下的抖音号

发布视频的推荐播放量在 300 以下，也无平台警告的低权重抖音号，是多数抖音号的现状，就是胡乱拍一些作品，自我感觉良好，其实在抖音看来你就是在自嗨。

所以，干脆就给你贴一个差等生的标签，差等生是什么待遇，大家都清楚，就是允许你上课，但是想获得老师更多关注是不可能了。只要你不捣乱，你就坐在后排自生自灭，反正有你没你，他都无所谓了。

上面这四种情况，如果你有其中一种或者一种以上，不用痛苦，也不用纠结了。只要你还想通过抖音实现你的人生价值，你就要老老实实地做人，先勤勤恳恳养号吧！至于如何养号，笔者会在下一节讲述，只需三步，你的抖音号就能起死回生。

2.2　做好这三步就能快速养号、提升权重

既然养号这么重要，接下来笔者就告诉大家如何快速养号，提升账号的权重。具体来说，可以分三步进行，下面就来分别进行解读。

2.2.1　不要频繁切换网络和换机使用

随着抖音的兴起，不只你看到了抖音酝酿着巨大的机会，那些投机倒把的人也看到了。所以，有很多居心叵测的人，利用营销工具和网络模拟器批量做号，至于他们的目的无非就是为了快速获利。

这样的行为，抖音能眼睁睁地让它存在吗？当然不能，所以抖音通过技术检测，一旦发现你频繁切换网络以及经常用不同的手机登录你的抖音号，就会被抖音监控，严重者甚至被限流。

为了避免被抖音误判为营销号，原则上大家要保证一机一卡一号，也就是一部手机、一张电话卡下只登录一个抖音号，并且在使用抖音过程中要尽可能全程使用手机自带的 4G 网络。

2.2.2　头像、性别等基础信息要完善

头像、性别、签名、学校等个人信息，都要认真对待，千万要重视这些信息。虽然作为一个正常人，基本上会填写，如果你不填，又发了大量的短视频，抖音就会觉得你不安好心。

另外，当抖音号的粉丝数量还没到 1 万之前，千万不要留任何微信、QQ 等社交媒体账号。如果你有头条账号，一定要记得绑定，头条粉丝是可以同步到抖音的，能增加你的账号权重。最后，实名认证和地区一定要填写，抖音会根据你的真实信息进行查重。

2.2.3　保持账号正常活跃的基本操作

抖音偏爱那些听话的重度使用原创作者，所以你的账号注册时间越长，而且使用习惯符合正常用户的逻辑，你在抖音的权重也就越高。如果你是刚注册的抖音号，则前 3 ~ 5 天要进行以下操作。

(1) 每天至少花半小时的时间在首页刷热门以及同城观看，并且保证完播率。

(2) 看到你喜欢的直播进去看看，没事就翻一翻抖音的热搜榜单、挑战。

(3) 一定要在左上角搜索框输入关键词，找到你感兴趣的同类账号，然后关注 10 个左右，并浏览他们的作品，看看他们是怎么运营创作的，也方便抖音给你贴上一个标签，保证下次你发作品的时候能够精准推送。

2.3 从这些角度出发，打造吸金账号

许多人以为申请了抖音号就大功告成，其实不然，要想做一个吸金的抖音账号，需要从多维度进行理性的思考，下面提供了五个方向。

2.3.1 思路1：看清生态，学会借力

抖音是年轻人的音乐短视频社区，近年来，抖音一直通过各种各样的市场活动来构建自己的内容和营销生态。2019年，抖音更是将产品演进和内容生态建设纳入战略，希望为用户打造更为开放、共享的短视频平台。

1. 举措

如何看清抖音这一平台的内容生态构建呢？我们可以从抖音的实际举措、抖音爆款类型、抖音内容底线这三点来分析，先来看一下抖音的几大举措。

第一个举措，为推动更多充满年轻、流行、美好、正能量等元素的IP发展，2018年"抖音美好奇妙夜"在全球范围内落地。同时，iDou之夜、明星PD计划、音乐专辑"听见·看见"等的发布，也将提升抖音平台明星和达人的价值，助力更多优质IP的诞生。

第二个举措，为实现对音乐的扶持，抖音推出看见音乐计划、音乐发布、iDou School音乐打榜节目、麦田音乐节等项目，为更多有才华的音乐人提供了更多机会和资源。

第三个举措，为实现垂直内容的深耕，抖音推出了多元用户的圈层计划，以满足不同圈层用户对深度内容的需求。比如，在文化领域，抖音结合传统文化精髓，联合七大博物馆以"文物戏精大会"为主题推出H5《第一届文物戏精大会》，视频累积播放量达到1.18亿人次。

2. 类型

从以上三个举措中可以看出，抖音在支持美好内容生态方面做出的努力。下面再来介绍抖音热门爆款作品的类型。

从2018年抖音年度营销峰会公布的数据来看，抖音播放量前300的短视频中，美好颜值类的占比仅在11%左右，更多的短视频是在记录和分享美好生活。因此，除了高颜值的劲歌热舞之外，还有很多其他类型的内容值得我们去挖掘和创作。

目前，抖音的爆款内容主要集中在音乐、舞蹈、对嘴型等品类，而抖音官方则希望旅行、美食、时尚、体育、游戏、萌娃、萌宠这七种品类能够出现更丰富的内容和更多的爆款。

3. 底线

要想在抖音平台做内容，底线在哪里？ 2018 年 6 月 1 日至 6 月 30 日，抖音平台累计清理了 27578 条视频、9415 个音频、235 个挑战，永久封禁了 33146 个账号。

被封账号包含下列内容：色情低俗、辱骂谩骂、造谣传谣、版权侵犯、内容引起不适、涉嫌违法违规、侵犯未成年人权益。

2019 年 4 月 14 日，抖音电商小助手发布了限流六种内容的通知：为了维护账号的健康发展，将不再对"图片轮播、心灵鸡汤讲述类视频、无口播拆箱视频、街头采访/售卖不相关商品、提到价格的招揽式好物推荐、低俗或尬演小剧场"进行推荐。所以，想做抖音号，就要避开这几种视频类型。

2.3.2　思路 2：用户喜欢看什么

前文分析了抖音爆款作品的几大类型，可以大致看出用户偏好，面对抖音这款现象级产品，许多人都在感慨抖音背后对人性的设计和引导。譬如弱化时间的界面设置，轻轻滑动就能切换视频，随机得到的刺激奖励，旋律简单的耳虫音乐，无法预知的刺激内容。

想要做出好的、引人关注的内容，也要借鉴人性的本能需求。用户到底有哪些本能需求呢？笔者总结出五点，具体如下。

1. 消遣解压

快节奏的现代生活让每个人都不堪重负，尤其对平民老百姓来说，抖音发挥了一个泛娱乐平台的作用，要成为用户的杀时间利器。想好好做抖音，你的视频作品即使不能把人逗乐，也要让人暂时脱离现实生活，有一个情绪宣泄的出口。

如图 2-1 所示的两个短视频中，一个是把小狗放在盘子上，用勺子拍打它的屁股，但小狗仍睡着不动；另一个是女生第一次点鞭炮，她的爸爸路过的时候把铁盆子扔到了地上，这个女生以为是点着了鞭炮，想着赶紧跑开，却不小心摔了一跤。很显然，这两个短视频都能把人逗乐，而它们也都获得了大量的点赞。

2. 视觉上的奖赏

可以毫不夸张地说，抖音极大地提高了用户对画面审美的阈值，出镜的人物、道具、拍摄的环境，都要尽可能令人赏心悦目。大部分人在看到这类事物时，会忍不住想要多看几眼。

如图 2-2 所示为两则关于漂亮 T 恤的短视频，可以看到，即使这两则短视频有明显的营销痕迹，也获得了数万个点赞。

图 2-1　能把人逗乐的短视频案例

图 2-2　漂亮 T 恤的短视频案例

3. 情感和心理上的共鸣

人有七情六欲，抖音账号运营者要尽可能多一些洞察，借助普遍的生活事件素材与用户取得心理上的共情和共鸣。比如，人人都会经历的几大人生主题：工作、情感、财富、健康等，每一个大主题下又可以衍生出许多小的主题，每一个小的主题又可以生发出不同的事件。

比如，抖音大 V "一禅小和尚" 就是以情感类短视频闻名的，其之所以能获得成功，就是因为发布的短视频总能让观看的抖音用户产生情感和心理上的共鸣。如图 2-3 所示为 "一禅小和尚" 发布的两则短视频。

4. 有用的

抖音上有相当一部分账号是在输出有用的知识技能，有些知识技能也特别适合用短视频这种媒介进行呈现。各种各样的实用技巧、资源整合、必备清单、旅游饮食攻略等，也属于这一类，能引发人们点赞、收藏的冲动。

图 2-4 所示的短视频主要就是向抖音用户分享修理拉链的技巧。许多抖音用户在看到这则短视频之后，觉得视频中的技巧很实用，自己又学到了新东西，于是纷纷点赞。

5. 有社交价值的

衡量一个视频是否具有社交价值，有六个可以参考的维度，分别是归属感、交流讨论价值、实用价值、拥护性、信息知识、身份识别。

图 2-5 所示的短视频中，环卫工人打扫卫生时看到半瓶矿泉水，又没看到周围有人，以为是没人要的，便将水倒掉了准备将瓶子回收。这时候跑过来一个女生，她说自己只是走开打个电话，结果水就被倒掉了。这个女生直接对环卫工人一顿指责。

图 2-3 "一禅小和尚" 发布的两则短视频

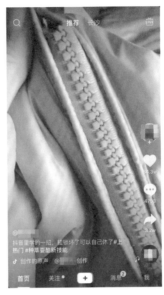

图2-4　分享修理拉链技巧的短视频

图2-5　引来大量交流讨论的短视频

这时候旁边有一个女生看不下去了，便站出来与这位没有照看好自己的水的女生理论。该短视频发布之后，快速地引发大量抖音用户的交流和讨论，短视频评论量很快就破万了。

以上五点，基本上囊括了普通用户的本能需求。许多人做抖音号，不仅不知道从目标用户的角度出发考虑，而且对自身能输出什么样的内容也缺乏基本的认知。

2.3.3　思路3：你的"看点"在哪里

纵观抖音上的作品，有几个规律：素人比明星红，作品比账号红。每个普通人都有机会借助一个视频走红抖音。在抖音这个以表演为重的平台上，要想挖掘自身优势，可以问自己以下几个问题。

你在某一个工作领域是否有所积淀？

你是否有无处安放的才艺？比如跳舞、唱歌、杂技、脱口秀等。

你是否有身体上/颜值上的优势？

你是否有别人做不到的神技能？

你的行为/外貌是否有记忆点？

回顾你自己的身份标签，比如社会阶层。你是否能够代表高阶/中阶/低阶中的非典型人群，展示不一样的日常？

总之，可以归纳为三个稀有：稀有的人，稀有的事情，稀有的环境。

2.3.4　思路4：商家青睐什么样的账号

前面用了不少笔墨，分别从平台、人性和用户的角度对打造吸金账号的三种思路进行了详细的解读。下面来看第四个思路——商家青睐什么样的账号。

目前商家在抖音上投放广告，有两种选择，一是通过抖音星图平台，二是与抖音达人自主联络进行视频内容合作。

先说第一种，抖音星图平台是连接广告主与达人的桥梁。星图平台对抖音达人的保障非常到位，对于个人，广告报价是多少，合作成功后个人就能拿到多少，并且产生的个人所得税是由抖音承担的。

如果商家采用第二种，也就是直接与抖音红人对接的合作方式，缺少了官方的支持，作品将面临被删的风险。尽管抖音达人广告对接资源社群很多，不过商家对达人的选择非常慎重，可能考虑以下几个因素。

1. 抖音账号的辐射人群数量大小

通俗来说，抖音账号的辐射数量大小就是抖音号粉丝数量的多少。当然，不一定粉丝越多，转化就越好，也有的号虽然不到1万粉丝，但是单条视频转化数额达到几十万。粉丝数量只是商家预估广告投放效果的一个基本参照值，互动比、获赞数同样重要。

2. 抖音账号的定位是否垂直精准

你的内容是否足够统一垂直？你的粉丝黏性是否够高？基本上越垂直的账

号，越容易获得商业上的成功。目前抖音上有公益、艺术、时尚、动漫等 60 多个不同的垂直品类，并且每个垂直品类都在进行生态扩展。

抖音全平台最热门的三个投放行业，分别是游戏、文化娱乐、护肤美容。以美妆为例，抖音上拥有百万粉丝以上的美妆类达人超过 100 个，达人生态的繁荣让抖音上的美妆内容跳脱出早期的"反差卸妆"，出现更专业更垂直的内容产品。

基本上做这种美妆内容的账号只要有 10 万以上的粉丝就会有商家自动上门，而且粉丝维度也可以供商家自主选择，比如性别、年龄、兴趣、关键词、城市地区、作息时间、天气、职业、运营商、手机品牌等。

不过也不能以热门广告投放行业来决定你应该做什么样的账号，刚才所提到的数据只是给大家一个可以参考的思路。因为市场因素不断变化，昨日的蓝海可能成为明日的红海，而今日的红海很有可能不再辉煌。

2.3.5　抖音号名字、头像和签名的正确操作

除了上面四个思路之外，抖音号的名字、头像和签名，也与其吸金能力有一定的关系。抖音账号的名字、头像和个人签名就像人的外在形象一样，如果设计得好，不但能加深印象，让用户信任你，而且还能塑造个人品牌。究竟怎样设计呢？接下来进行一一拆解。

1. 名字

很多账号的名字就是打广告，写产品的名字或者提供的服务。企业账号这么做还好，毕竟企业运营抖音号的目的就是给自己做宣传，而且抖音用户看到企业抖音号这么做基本上还能接受。如果是个人账号，笔者就不建议这么操作了，因为这会让用户一开始就产生防备和反感心理。

教大家一种常用的万能取名字公式：行业（或职业）+ 你的艺名。什么意思呢？比如说我的账号是做营销领域的，那行业就是营销，我的艺名叫全网红，那我的抖音名字就叫营销全网红。比如，我们熟知的一名演员——马丽，她的抖音名字便是采用这种方式，如图 2-6 所示。

还有一种取名字的方式，就是取一个与内容无关，但容易记住的、接地气的名字，比如麻辣德子、代古拉 K 等。

当然也可以直接用自己真实的名字，如果实在是不知道名字怎么起，可以看看同行和热门的视频，看他们是怎么起的，看得多了，也就知道该怎么起名字了。

最后，一定要切记，不管名字怎么取，一定要方便用户传播和记忆，不能让用户读起来拗口。

图 2-6　演员马丽的抖音名字

2. 头像

如果运营的是企业账号，建议直接设计一个带有公司名的 LOGO 作为头像，方便用户识别和品牌传播。比如，OPPO 手机的抖音号便是以带有公司名的 LOGO 作头像的，如图 2-7 所示。

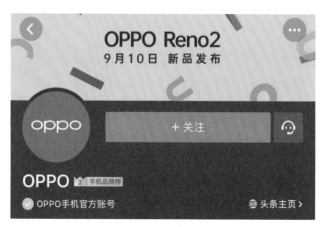

图 2-7　OPPO 手机抖音号的头像

如果是个人号，可以挑一张自己满意的真人照片作为头像，比如，前面提到的代古拉 K 便是用真人照片作头像的，如图 2-8 所示。

如果不想真人出镜，也可以用一个与自己的人设相关的动漫头像代替，注意照片一定要清晰，看上去高大上，千万不要上传模糊不清的头像。

3. 签名

设计个人签名时，笔者不建议大家直接打广告。但是可以展示你是做什么的，在这里也给大家提供一个万能公式，用三个标签串成一句话。还是以笔者个人为例，从角色、爱好、性格这三个方面串成一句话的签名就是"互联网最具表演才华的鸡血哥"，如图 2-9 所示。

图 2-8　代古拉 K 的抖音头像

图 2-9　笔者的抖音签名

看到这句话，虽然你没有见过我，但在你的脑海中是不是建立起了一个初步的印象？

笔者在抖音养号一节讲过，不要频繁地更改个人信息。所以，抖音号名字、头像和签名定好了，就不要轻易更改，尤其是在作品上热门的时候，如果你突然更改，一旦被抖音监控到异常，就会被限流。如果确实需要更改优化，可以在没发作品的时候逐步进行更改，千万不要听笔者一说就立刻大换血。

第 3 章

账号定位：学会人格化打造高流量 IP

学前
提示

　　什么是抖音账号定位？简单来说，就是确定账号的运营方向，让运营活动变得有的放矢。

　　为什么有的抖音账号被抖音用户看过一眼之后，就能立马记住？主要就是因为这些账号围绕自身定位打造了一个人格化的特色 IP。

要点展示

● 找准定位与人设：描述自己是谁

● 短视频风靡，精准定位是成功的关键

● 只需做好这四步，就能找准自身定位

3.1 找准定位与人设：描述自己是谁

抖音账号何其多，即使是同一类型的账号，数量也难以计算。那么，抖音电商运营者如何才能从众多抖音账号中脱颖而出，给抖音用户留下深刻的印象呢？其中，比较有效的一种方法就是找准定位与人设，向抖音用户清楚地描述你自己是谁，你有什么独特之处。

3.1.1 人设究竟是什么意思

现在有很多所谓的大师都在讲人设，什么人物标签设定或者人格化运营等专业化术语，让人似懂非懂。究竟什么是人设呢？

笔者用一句话来解释就是："一个人的身份和行为特征的呈现。"

例如，大家熟知的"多余和毛毛姐"，一口标准的四川普通话，并且一人分饰"多余"和"毛毛姐"这两个角色，其中"毛毛姐"这个角色还是反串，再加上他的短视频主要走搞笑路线，因此给无数女闺密带来欢声笑语，如图3-1所示。

图 3-1 "多余和毛毛姐"发布的短视频

受欢迎的网红都有自己清晰的性格特征，给人留下了深刻的印象。或许有人会说，这些呈现在大众面前的人设其实都是经过精心设计的。正如一句话所说，你看到的，都是别人想让你看到的；你看不到的，别人坚决也不会让你看到。

所以，想让人记住你，在玩抖音之前，就一定要有意识地设计自己的人设。在这里，你要先问自己两个问题："你在大家心中是一个怎样的人？""你能给别人提供什么价值？"

问这两个问题其实就是在对自己做一个初步分析，了解自己到底有哪些明显的特征、能给别人留下一个怎样的印象。

3.1.2　做好人设的七个基本要素

究竟如何打造一个好的人设呢？下面提供了一个方法论，也就是人设七要素。只要围绕着笔者提供的思路进行设计，你就能快速地找准自己的人设。

1. 形象和个性

形象和个性就是你的外貌特征或者怪癖，能不能给观众留下记忆点。比如抖音舞蹈网红代古拉 K，抖音上有那么多跳舞厉害的小姐姐，为什么就她火了？因为她给大家留下的记忆点就是"给人初恋般的微笑"。大家可以回头翻看她的作品，你会发现每个作品都是露着牙在笑，如图 3-2 所示。

图 3-2　"代古拉 K"发布的短视频

2. 兴趣爱好

你的人设一定要是你感兴趣的方向，并且有一定的经验或者阅历，否则你强行给自己加戏，一定会让别人感觉很尬。例如，曾经一周涨粉 359 万的麻辣德子，他除了做菜水平专业之外，平时也爱给妻子做饭，如图 3-3 所示。所以他做的这个美食账号要比其他同类型账号都要好。

3. 周围的环境和人

这点其实是让大家在想人设的时候结合自己身边的环境或者人，只有记录生活中最真实的自己，操作起来才不会累。现在有很多情侣或者夫妻账号，就是用不同的方式将生活中的场景展现给观众。例如，"温格夫妇"就是将夫妻间相处的一些事情通过短视频的形式进行呈现，如图 3-4 所示。

图 3-3　"麻辣德子"发布的短视频

图 3-4　"温格夫妇"发布的短视频

4. 用户需求

在确定你的人设的时候，一定要思考你的人设满足大众的什么需求。比如，走情感暖心路线的七舅脑爷，他满足的就是大众女性对"完美男人的向往"。众所周知，这样的男人在这个世界上根本不存在，只不过现在很多男性确实不负责任，让女性极度缺乏安全感。而七舅脑爷的出现，为处于恋爱阶段的男性提供了学习模仿的参照物，同时也为单身的女性提供了美好的精神寄托。

如图 3-5 所示为"七舅脑爷"发布的一则向暗恋对象表白的短视频，该短视频给许多处于暗恋期的男性提供了一个很好的参考。

图 3-5　"七舅脑爷"发布的短视频

5．市场差异化

这个比较好理解，就是你的人设和市面上同类型的账号相比，有哪些不一样？如果只是跟风模仿，那你这个账号就不会有任何特色，反而还会激发用户和原作者比较的心理，实在是得不偿失。

有一个抖音名叫"小辉辉"的 95 后小姑娘因在火锅店跳俏皮舞而在抖音出名，如图 3-6 所示。"小辉辉"走红之后，好多人穿着中式礼服进行各种模仿，现在大家记得的都是"小辉辉"，又有几个人记得这些模仿者呢？

6．你的世界观

说起这个要素，可能很多人有些迷糊，设计人设怎么还跟价值观扯上关系了。这个真的很重要，因为你的人设下所呈现的所有东西，其实就是一种价值观。所谓的价值观也就是你内心所相信和坚持的，也只有这样，你才能走得更持久。

例如，因为一首《让我做你的眼睛》红遍大江南北的莉哥，本来这样一个邻家女孩形象的才女应该是风光无比的，却因为图一时口嗨严重违背了社会主义核心价值观而被拘留，从此在网红界再也抬不起头了。

图 3-6　"小辉辉"发布的短视频

7. 可持续

可持续指的是你的人设是否可持续，在你的人设下能不能源源不断地产生内容。如果不可复制，只是昙花一现，用户很快就会把你忘记。

这方面比较具有代表性的当属"一禅小和尚"了，用漫画的形式，通过小和尚和其师父的对话向广大抖音用户持续传达了关于人生和情感的许多道理，引发了大量抖音用户的共鸣，如图 3-7 所示。

图 3-7　"一禅小和尚"发布的短视频

3.1.3 学会给自己贴个合适的标签

玩过抖音的人会知道"毛毛姐"，他的一句"好嗨哦！"传遍大江南北，无数女生成了他的死忠粉。你知道在粉丝心中留下了怎样的印象点吗？不错，就是一个能给人带来欢乐的毒舌"闺蜜"。

这个"毒舌"闺蜜的印象点究竟是通过哪些标签树立起来的呢？下面列举一些：反串、红头发、一人饰两角、贵州方言、魔性的笑声、表情丰富、说话犀利。

上面这些都是"毛毛姐"身上的标签，能将这些标签集于一身，也就是他在抖音能火的原因。

现在给你 10 秒钟的时间，想一下你的标签是什么。注意，这里的标签，要是你身上独一无二的。

是不是现在特别迷茫，实在不知道自己应该贴什么样的标签？迷茫就对了！笔者告诉你一个秘密，你在抖音上看到的所有达人，他们所呈现在大众心中的人设，其实都是精心策划的。

例如，舞蹈网红代古拉 K 的人设是一个笑得特别甜的邻家小姐姐形象；美食网红麻辣德子的人设是一个看上去憨厚老实会做饭的好丈夫形象；情感网红七舅脑爷则是很懂套路会疼女孩子的完美好男人形象。

一个好的人设不但能让人记忆深刻，还能帮助自己树立专业形象，快速获取粉丝的信任。有个河南大妈，感叹自己农产品销量越来越不好，就抱着试一试的心态找笔者一对一咨询。笔者在了解了情况以后，根据她所处的环境以及她电话中呈现出的直率性格，给她提出了一套"快嘴山货大妈"的人设方案。

按照笔者的思路，大妈把自己大嗓门和直率的性格优势发挥到极致，通过软植入农产品的形式，展现自己正能量的生活，结果不到一个月的时间，大妈涨粉两万多。可能你觉得这次涨粉并不多，但正是这两万多精准粉丝，让大妈通过引流到微信，每个月至少多赚 1 万元。

3.1.4 用一个词描述你自己——你是谁

描述自己是谁，看似很简单，但其实是一个非常有学问的事。想要找准定位和人设，需要从两部分入手：一部分是对内，另一部分是对外。

对内有两点：一是你自己擅长或者感兴趣的；二是是否易于操作。

对外也有两点：一是你所选择的领域还有没有机会；二是你所呈现出的内容能满足大众什么需求点。

我们先说对内，对内就是关乎自己的，你要先深挖你自己，找到你擅长的地方，说得直白点就是你比身边人做得好的地方。

当然，有不少学员说自己什么都不会，把自己说得一无是处。笔者记得李诞曾自黑自己是个废物，还说想做一个什么都不会的废物是需要天赋的，普通人只能好好活着。

李诞说完这句话之后，台下的观众立刻一片沸腾。更有网友评论："我信了，诞总厉害。"在很多人眼中，李诞之所以能火，靠的就是一张嘴皮子，其他的似乎什么都不会。

其实，李诞的言外之意是想告诉大家，我们每个人都有自己的优缺点，我们要善于发现和培养自己的优点，或许你在某方面真的存在一些不足，但是，每个人都会有自己的优点和长处。

笔者想告诉大家，人生真的很长，我们要敢于尝试、敢于突破自己。人生也很短，不要因为自己的缺点就低头一辈子，觉得自己一无是处。大家可以学学李诞，直视自己的缺点，发现自己的优点。

在抖音有个叫"子英"的账号，她和她的丈夫在上海做点小生意，给新房装修，可以说两口子都是普通得不能再普通的人。

她就利用抖音记录她和她的丈夫的打工生活，将夫妻二人努力工作和互相照顾对方的日常发布在抖音上。视频没有任何修饰，也没有高大上的配音，只有他们默默照顾对方和工作的画面，每个作品基本上都点赞过千，而且其中还有一个作品点赞超过 39 万，如图 3-8 所示。

图 3-8　"子英"发布的短视频

所谓的擅长并不是说自己工作多么优秀，记录自己励志的生活，这也是一种优势啊！

3.1.5　分析同行，找到未被满足的点

俗话说，知己知彼，才能百战百胜。做任何事情都离不开找对标的产品，尤其是刚进入一个新领域的时候，你更要学会关注自己的同行。接下来，笔者讲解如何精准找到同行以及从同行身上快速收集到你想要的信息。

首先要从你垂直的领域提炼关键词，假设你做的是健身类的账号，你可以思考一下，哪些关键词与健身类相关联。像减肥、塑形、增肌、运动、跑步等，当然与健身相关联的关键词还有很多，如果你自己一时间想不到那么多，告诉大家一个简单的方法，在垂直网站直接百度就可以找到你想要的。

然后专门开一个小号，在抖音左上角搜索框输入关键词，就会出现很多同类型的账号。先挑那些粉丝最多的账号关注，就进入账号查看对方的往期作品，只要觉得对你有用就关注。平均每个关键词，你要关注 10 个左右的账号，包含其他大 V 的账号，至少要关注 100 个以上。

你可能觉得有点多，为了研究抖音，笔者一共关注了几千个账号，因为每天都有新的账号出来，只要觉得有用有特色，笔者就会关注。之所以进行大量关注，其实也是为了方便筛选合适你的对标账号。

关注以后，你要每天抽时间刻意分析重点账号，研究他们的运营套路和创意思路，用西瓜指数或者卡思数据来分析同行每天的数据，甚至是同行的视频什么时候上的热门，每天发布作品的时间以及当天涨了多少粉丝，这些你都要弄得一清二楚。如果对方留有社交媒体账号，你都要一一关注，看下对方每天都在发什么内容，他们是怎么做活动和商业变现的。

通过一段时间对同行的关注和总结，在你不断地落地和优化下，就能快速地内化成属于你自己差异化的优势。还能通过预测同行的下一步动作和计划，在他们前面采取行动，赢得更多机会。

3.1.6　你的人设可以满足大众什么需求点

纵观抖音上面的头部账号，都有一个共同点，那就是他们在某个方面做到了极致（至少从某一段时间来看是这样的），能够满足大众对某方面的需求。再说简单一点，就是抖音用户觉得你的内容对他（她）是有用处的。

当然，这个用处可能不尽相同，既可以是能让抖音用户获得某些知识，也可以是能够带来视觉和听觉刺激，还可以是能给抖音用户带来情感共鸣的。

例如，有着"口红一哥"之称的李佳琦之所以可以获得 3000 万粉丝，就是因为"口红一哥"这个人设带来的强大号召力，以及他分享的短视频对抖音用户选择口红是有用处的。如图 3-9 所示为李佳琦的抖音号——"李佳琦 Austin"的个人主页及发布的短视频。

图 3-9 "李佳琦 Austin"的个人主页及发布的短视频

3.2 短视频风靡，精准定位是成功的关键

抖音中的短视频数不胜数，什么样的短视频更容易打动抖音用户呢？其中比较关键的一点在于通过精准的定位，将短视频内容有针对性地传达至目标抖音用户的心中。那么，如何进行精准定位呢？笔者认为，可以分别从行业、人群和个人三个方面进行定位，让你拍摄的短视频内容更加精准。

3.2.1 行业定位：根据爱好和优势，确定方向

想要设计自己的人设，你就要先想清楚，你想主打什么产品，也就是你的定位。这里的定位指的是产品定位，你想要卖什么领域类的商品。

抖音种草一般有以下几个大的领域，像生活用品、护肤彩妆、零食特产、男装女装、母婴育儿、鞋帽箱包、玩具图书等，这几个领域的产品目前在抖音卖得比较火，你可以根据你的兴趣爱好和优势选择自己想垂直的领域。

抖音账号定位的核心秘诀：一个账号只专注一个行业（方向定位），不能今天发美食、明天发英语、后天发游戏。在布局抖音号时，应重点布局三类抖音号：行业号（奠定行业地位）、专家号（奠定专家地位）、企业号（奠定企业地位）。同时，用户在制作视频内容的时候必须做好定位，不能随意去定位，否则，你会发现越更新越难，越更新越累，乃至没有内容可更新。

账号行业定位做好之后，接着就是通过领域细分做深度内容了。为什么只更新深度内容？还是那句话：什么样的定位，吸引什么样的目标人群。所以，有什

么样的定位，直接决定了要更新什么样的内容，也决定了抖音号的运营方向，以及最终该靠什么赚钱，这些都是由定位决定的。

比如，化妆行业包含的内容比较多，就可以通过领域细分从某方面进行重点突破。这方面比较具有代表性的当属李佳琦了，这位号称"口红一哥"的网红便是通过对于口红相关内容的分享，吸引了大量对口红感兴趣的人群。

3.2.2 人群定位：目标用户，受众人群喜好

很多人都在问，如何利用短视频找到自己的目标客户。想要找到目标客户，就要做垂直内容，也就是与所卖产品相关的内容。

例如，如果你是卖图书的，那你就可以发一些成功学的内容；如果你是卖服装的，你就发穿搭，或者变装的内容；如果你是卖水果的，那你就发在自己家院子试吃的内容等。总之，你发布的内容越垂直越有价值，吸引的粉丝就越精准，也就更容易变现。

3.2.3 个人定位：个人特质，优势能力

选择好领域后，你再根据自己的性格特征来设计自己的人设。例如，你是一个两岁孩子的宝妈，平时喜欢分享一些专业的育儿常识，你就可以树立一个育儿专家的形象，向大家推荐你用过的母婴类产品。因为你会带娃的人设，所以那些妈妈们就会非常信任你，你推荐什么，她们就会买什么。

可能有人会说，直接模仿不就行了吗？什么火，我就卖什么。这种思路在前期种草号还不够多的时候，确实能赚一笔快钱。但是随着后期抖音种草玩家越来越多，只是单一地模仿，没有加入个人特质，也没有自己的产品定位，就很难沉淀出核心用户。

什么意思呢？就是用户这次可能因为你推荐的这个产品上热门，他正好需要，所以就下单了。但是，打开你的主页一看，什么产品都有，像一个杂货铺似的，他肯定不会关注你。这也就意味着，你只能赚他一次的钱，后面你再想赚到他的钱基本就不可能了。

想要将你的产品卖给某个用户好几次，你就需要有自己的人设和定位，把自己的种草号打造成精品店铺，而不是什么都卖的杂货铺。

因为只有人设清晰，你才能够吸引用户持续地关注你，基于对你的信任，只要是这个品类的商品，她（他）如果有需要，第一时间看到就会下单购买。

现在大家知道人设和定位的重要性了吧？

在前期，如果不知道该怎么操作，那你只能先跟风模仿，等找到感觉后，你再重新设计自己的人设定位。

总之，大家一定要活学活用，要先去做，在做的过程中不断学习和调整，不要被眼前的问题所局限，很多问题做着做着就解决了。

3.3　只需做好这四步，就能找准自身定位

要想从众多抖音号中脱颖而出，必须先找准自身定位。那么，如何找准自身定位呢？笔者认为，只需做好四步即可。

3.3.1　定位的第一步：定赛道

许多人只知道做垂直领域的重要性，具体该如何做呢？首先，你要了解目前各垂直分类的实际布局。目前抖音上有公益、艺术、时尚、动漫等 60 多个不同的垂直分类，你只需借助工具就能了解每个垂直分类下的达人情况，比如飞瓜数据和抖大大。不仅可以看到各分类下的达人具体排名，还可以看到粉丝画像、性别、年龄、地域、星座分布等。

通过工具，可以掌握三个方面的信息。

第一个方面：当前的红海和蓝海领域有哪些？哪些领域还有适合你的机会？

第二个方面：如果将同一类目的前 10 名达人的粉丝画像进行统计，你就能从中发现一些有价值的规律。你所统计的样本越多，就越容易得到最准确的数据，从这些数据中你能够提炼出目标群体的身份标签。

第三个方面：着重观察自己感兴趣的分类，初步寻找空白点，看哪一个分类市场还未被满足。

了解完垂直分类的布局，接下来，笔者分享一个确定垂直领域的实操方法——分解二级分类，进行分类标签的重新组合。抖音 60 多个垂直品类下又有许多二级小分类。例如，搞笑这个大分类下还可以分为段子剧、糗事、恶搞、神回复等二级分类。当然，我们可以按照达人的身份标签进行归类，如情侣搞笑、上班族搞笑、老师搞笑等；也可以按照场景来划分，如家庭搞笑、咖啡厅搞笑、舞台搞笑等。这些标签又都可以进行维度上的组合，举个例子，情侣咖啡厅搞笑、老师家庭搞笑等。

这就是一个寻求差异化的过程，只要保持了差异化，辨识度足够高，就能占据更多观众的心灵，你的 IP 塑造之路才会充满可持续性。

笔者在这里再次强调一下做专注的垂直领域的重要性。如果你发布了一个 A 领域的视频，系统会将视频推送给喜欢 A 领域的用户。如果你经常发不同领域的视频，一会儿 A，一会儿 B，一会儿 C，抖音可能会混乱，误把 A 领域的视频推荐给喜欢 B 领域视频的用户，这样会导致点赞率、评论率、完播率都非常低。长此以往，系统就不再给你的账号分配流量，你的抖音号基本就废了。

3.3.2　定位的第二步：定类型及呈现方式

目前抖音主要有以下几种视频类型：商品导购类、知识传播类、娱乐搞笑类、音乐表演类、记录生活类、科技类、企业官方账号类、游戏类、二次加工类。

分别有三种主流的视频呈现形式，分别是真人出境、动画和图文，因为图文类同质化严重，所以，2019 年 5 月 1 日官方就对所有图文类的视频进行了限流。因此，拍摄抖音短视频，应尽可能真人出镜或者以动画类的形式。

真人出镜类的短视频比较依赖于演员的颜值或戏精程度，这两者决定 IP 能走多远。同样是有 1000 万粉丝的账号，一个是虚拟形象作为主角，另一个是真实人物作为主角，那一定是前者的商业价值更大。因为虚拟形象的颜值和戏精程度都是可以通过各种处理进行精准把控的。

例如，"一禅小和尚"因为有自己的粉丝群和识别度，所以就衍生出很多周边产品，如图 3-10 所示。

图 3-10　"一禅小和尚"的周边产品

3.3.3　定位的第三步：定标签

如何给自己定标签呢？实际上就是和作品匹配关键词，这个关键词能让目标粉丝通过搜索进而关注到你。

我们在定位的第一步定赛道中讲到垂直领域信息调研，其实通过信息调研，就能统计出相似账号的常见关键词。这只是给自己贴标签的其中一个方面，当然也可以把这个当作一句话的个人介绍，能让不熟悉你的人记住你，进而关注你、喜欢你。有了标签，就确定了创作方向上的主旋律。

3.3.4 定位的第四步：定差异化展示

差异化展示，包含名字、头像、签名、背景墙等要素。下面笔者将分别进行解读。

1. 名字

名字一定要符合易记的原则。许多抖音达人都是凭自己的喜好取名，忽视了名字的重要性。其实，虽然抖音名字可以修改，但相比之下，一定是长期使用固定的名字更有辨识度。

我们可以使用取名字的万能公式：行业名＋姓名。这样不但方便别人在抖音上搜索到你，还能马上知道你是干什么的。

2. 头像

如果是个人号，最好用自己的正面形象照片；如果是企业号，可以用企业Logo。不论是个人还是企业，照片一定要高清，看上去要符合账号人设，而且要让人一眼看上去感觉舒服。

3. 签名

签名就是简单的一句话，这一句话不同于个人标签，因为两者面对的群体不同。在这里，你需要简单粗暴地表明自己及账号的价值所在。例如，你是一个健身类的账号，就可以在签名中将"健身""塑形""运动"等关键词写进去，让人一看就知道你的价值所在，如图 3-11 所示。

图 3-11　健身类账号的签名

4. 背景墙

许多人忽视了背景墙的作用，其实背景墙可以起到锦上添花的效果，寥寥几句话或者符合账号调性的配图，都能强化账号的个性。

总之，抖音账号具体元素的设计要符合两个原则：一是格调统一，即头像、背景墙等用色要一致，风格要一致；二是看上去要大方美观。

3.4　打造人格化 IP，必须掌握的六点

依靠抖音成长起来的 IP 越来越多，即使你不是抖音的深度用户，也一定听说过"好嗨哟！"和"OMG，买它！"这两句话出自抖音头部的两个视频主——"多余和毛毛姐""李佳琦 Austin"。

毛毛姐和李佳琦已经拥有极高的 IP 辨识度，并且还在持续不断地对观众重复、深化，让观众形成了稳定而清晰的记忆点。几乎没有人可以复制出毛毛姐独特的声音和表达方式，也没有人可以变身为另一个李佳琦。如今他们所获得的抖音地位，不是谁都能轻易替代的，这就是打造抖音人格化 IP 的优势所在。

那么，如何打造人格化的 IP 呢？你必须掌握以下六个要点。

3.4.1　"六部曲"策划流程把账号打造成 IP

要想将一个账号打造成 IP，通常需要经过以下六个步骤。

1. 确定目标

做每件事都应该清楚目标，只有目标清楚了，才能朝着目标前进，做到有的放矢。因此，要想打造一个 IP，你首先要做的就是确定打造 IP 的目标。通常来说，大部分人打造 IP 无非就是两个目标：一是增粉，二是变现。

2. 确立定位和人设

打造 IP 的目标确定之后，接下来要做的就是根据目标，并结合个人性格特征和自身优势等确立定位和人设。这一步的具体操作可以重点参考本章前三节的内容。

3. 思考创作方向

定位和人设确立之后，就可以思考短视频的创作方向了。通常来说，短视频的内容有三个思考方向：一是自身优势，也就是自己能做什么；二是找到市场未被满足的部分，做出差异化；三是从可操作性出发，选择易于操作的内容和方向。

4. 剧本设定和探讨

有的抖音短视频可能只要短短的十几秒，但是，要想拍好这十几秒视频却不是一件容易的事。抖音短视频的拍摄是一个系统工程，要想快速拍出高质量的短视频，首先还要在拍摄之前进行剧本的设定和探讨，并根据剧本进行相应的准备。

5. 短视频拍摄

如何直接用抖音 App 拍摄短视频？下面笔者就对具体的拍摄步骤进行说明。

步骤 01 登录抖音短视频 App，进入"首页"界面，并点击界面中的[+]图标，如图 3-12 所示。

步骤 02 操作完成后，进入抖音短视频拍摄界面，点击上方的"选择音乐"按钮，如图 3-13 所示。

图 3-12　点击[+ 按钮

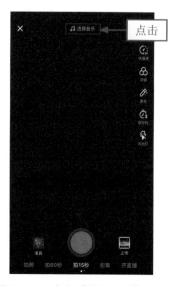

图 3-13　点击"选择音乐"按钮

步骤 03 进入"选择音乐"界面，在该界面中，用户可以使用推荐的音乐，也可以搜索指定的音乐，如图 3-14 所示。下面笔者以搜索指定音乐为例进行说明。

步骤 04 在搜索栏中输入音乐名称，从搜索结果中选择需要的音乐，如图 3-15 所示。

步骤 05 操作完成后，对应音乐后方将出现"使用"按钮。抖音用户如需使用该音乐，只需点击该按钮即可，如图 3-16 所示。

步骤 06 操作完成后，返回抖音短视频拍摄界面。如果此时界面中显示音乐的名称，就说明音乐设置成功了，如图 3-17 所示。

图 3-14 "选择音乐"界面

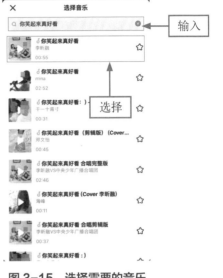

图 3-15 选择需要的音乐

图 3-16 点击"使用"按钮

图 3-17 显示音乐名称

步骤 07 背景音乐设置完成后，点击"翻转"按钮，可以切换前后摄像头。通常情况下，除了自拍外，都使用后置摄像头；点击"快慢速"按钮，设置拍摄速度，如图 3-18 所示。

步骤 08 点击拍摄界面的"滤镜"按钮，进入选择滤镜界面。系统提供了四种滤镜类型，用户可以根据需求进行选择，如图 3-19 所示。

图 3-18　设置拍摄速度

图 3-19　选择滤镜

步骤 09 "美化"效果主要针对人物进行调整。点击"美化"按钮，进入其界面，可以调整磨皮、瘦脸、大眼、口红和腮红这五个选项，通常在拍摄人物时使用，拖动滑块即可调整美颜效果，如图 3-20 所示。

步骤 10 在拍摄界面点击"倒计时"按钮，可以编辑拍摄时间。拖动右侧的拉杆可以设置暂停位置，如图 3-21 所示。

图 3-20　"美化"设置界面

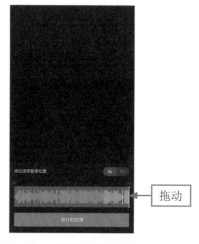

图 3-21　"倒计时"设置界面

步骤 11 拍摄方式有拍照、点击拍摄和长按拍摄三种类型，拍照主要用来拍摄照片，拍摄时可以控制拍摄时长，长按拍摄则需要一直按住拍摄按钮，如图 3-22 所示。

步骤⑫ 通常使用点击拍摄即可，点击红色的拍摄按钮后，即可开始拍摄，再次点击可以暂停拍摄，如图 3-23 所示。

图 3-22 抖音短视频长按拍摄

图 3-23 抖音短视频点击拍摄

步骤⑬ 拍摄完成后，点击右下角的 ✓ 按钮，进入短视频后期处理界面，在此可以剪辑音乐、处理声音、选择配乐和封面、添加特效和滤镜，如图 3-24 所示。

步骤⑭ 点击短视频后期处理界面中的"下一步"按钮，即可进入如图 3-25 所示的发布界面。此时，视频的拍摄和上传便完成了。

图 3-24 抖音短视频后期处理界面

图 3-25 抖音短视频"发布"界面

6. 剪辑、分发和运营

很多朋友对于工具还不是很清楚，尤其是剪辑工具，接下来就进入课程的第一部分，给大家推荐一款剪辑工具叫"剪映"，可能很多人听说过这款软件，这是抖音官方投资的一款视频剪辑软件，功能非常强大。下面笔者就对利用"剪映"剪辑短视频的步骤进行具体说明。

步骤 ⑴ 打开剪映 App，然后点击"开始创作"按钮，如图 3-26 所示。

步骤 ⑵ 进入"所有照片"界面，选择需要剪辑的短视频；点击"添加到项目"按钮，如图 3-27 所示。

图 3-26　点击"开始创作"按钮

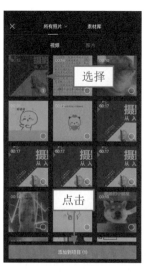

图 3-27　点击"添加到项目"按钮

步骤 ⑶ 选择好你想操作的视频后，你会看到"关闭原声"选项，当你选择关闭后，该视频的原声，包括人声和背景音乐都将被关闭，达到为视频静音的效果。然后，点击"剪辑"按钮，如图 3-28 所示。

步骤 ⑷ 操作完成后，进入剪辑界面，你会发现，有以下功能可供你操作：分割、变速、音量、变声、删除、降噪、复制、倒放、定格和旋转，如图 3-29 所示。

步骤 ⑸ 这里着重讲两个常用功能，分别是视频变速和改变声音。先说变速功能，点击"变速"按钮，在底部的滑块上，如果往左移动滑块，就是慢速播放，往右移动就是快速播放。剪映默认的速度是 1X，设置好速度后，点击底部的 ✓ 按钮，如图 3-30 所示。

在拍摄商品的时候，像拆箱或者使用说明，因为内容比较无趣，这个时候可以适当加速往右移 0.5X，以此快速地进入正题。如果需要拍摄特写展示效果，就可以让速度放慢，一般减速往左移 0.5X，让用户看清楚商品的好处。

点击

图 3-28 点击"剪辑"按钮

图 3-29 剪辑界面

步骤 06 下面介绍改变声音。很多人觉得自己的声音要么非常尖，要么声音听起来有气无力，总觉得很别扭。这都是因为后天缺乏专业训练，怎么办呢？点击"变声"按钮，进行变声设置。系统提供了大叔、萝莉、男生、女生等不同类型的变声效果，能完美地解决你对声音不自信的问题，如图 3-31 所示。

图 3-30 "变速"界面

图 3-31 "变声"界面

步骤 07 下面介绍"音频"菜单。点击"音频"按钮，进入音频界面，可以为视频素材添加音乐、音效，从视频中提取音乐和录制声音，如图 3-32 所示。

剪映提供了非常多的抖音里比较火的背景音乐和音效，基本能满足用户在拍摄商品视频中经常需要用到的音乐素材。下面着重讲一下"录音"这个功能。别人发的视频，配合着商品视频都配有一段很长的旁白解说。其实这些拍摄者也记不住那么多台词，是他们提前拍摄的素材，在后期制作的时候使用"录音"功能对着写好的稿子配的画外音。

步骤08 画外音录制好以后，点击"文本"菜单，进入如图 3-33 所示的文本界面。

图 3-32　音频界面

图 3-33　文本界面

通过"新建文本"添加字幕和文字；通过"识别字幕"自动添加字幕到视频上，如果在识别的过程中有错别字，你可以点击字幕加以修正；修正完后，如果你想在视频中添加一些图片效果，可以点击"添加贴纸"按钮，打开贴纸列表，选择贴纸，选择好以后，可以将贴纸拖到视频中想要放置的位置。如果你想让这个贴纸更炫酷一些，也可以点击"动画"按钮，选择你想要的动画效果即可。

步骤09 选择好贴纸，这时为了让你的视频具备美感，就要用到"滤镜"功能。点击"滤镜"菜单，打开滤镜列表，拍商品视频一般可以选择"自然"或者"鲜亮"，如图 3-34 所示。

步骤10 再来介绍剪映基础功能中的重点，也就是特效功能。同样一个商品视频，有的人拍出来就显得很一般，而有的人拍出来就像一个大片，看上去高大上，这就是加了特效和没加特效的区别。

点击"特效"菜单，可以添加基础、动感、梦幻、复古、自然、分屏和边框视频特效，如图 3-35 所示。

图 3-34　滤镜界面

图 3-35　特效界面

步骤 ⑪ 点击"比例"按钮，进入比例界面。可以看到系统提供了很多视频比例，如图 3-36 所示。

抖音一般主流的有两种格式，分别是竖屏 9：16 和横屏的 16：9。如果你的作品是真人出镜，就推荐竖屏，因为竖屏会看得更立体，整个人的轮廓也非常清晰。如果你只拍自己的商品，就推荐横屏，因为横屏呈现的东西更全一些，而且上下两个背景墙，也可以添加一些其他的辅助介绍。当然，具体的视频比例还是要根据自己的作品来选择。总之有一个标准，就是让用户感觉自然和舒服。

步骤 ⑫ 如果你选择横屏，你可能需要用"背景"进行装扮。点击"背景"按钮，进入背景界面，可以设置画布颜色、画布样式和画布模糊效果，增强整个视频的视觉体验感，如图 3-37 所示。

步骤 ⑬ 点击"调节"菜单，进入调节界面。可以设置视频素材的亮度、对比度、饱和度、锐化和高光，如图 3-38 所示。商品视频光线一般调得明亮一些，这样能激发用户的购买欲。

步骤 ⑭ 如果是真人出镜，又对自己颜值不够自信的话，可以点击"美颜"按钮，进入如图 3-39 所示的美颜界面，设置人物磨皮和瘦脸。这里一定要看上去真实，不能为了让自己变得美，故意把自己拉成蛇精脸，那样会让用户觉得你这个人很做作，得不偿失。

步骤 ⑮ 在剪映中剪辑好视频以后点击"导出"按钮，进入如图 3-40 所示的视频导出界面。视频保存完毕后，会显示"已保存到相册"。此时，点击"一键分享到抖音"按钮，就可以发布到抖音上了，如图 3-41 所示。

图 3-36　比例界面

图 3-37　背景界面

图 3-38　调节界面

图 3-39　美颜界面

　　至此，剪辑的基础部分讲解就结束了。剪辑完成后，抖音电商运营者便可以将短视频进行分发。有多个抖音账号的可以分别在各个账号发布短视频。如果抖音电商运营者在其他短视频平台有账号，也可将剪辑完成后的短视频进行发布，从而获取更多的流量。

　　完成短视频的分发工作之后，抖音电商运营者还要根据需要打造 IP 定位和人设进行账号的运营。例如，通过短视频打造属于自己的金句，塑造具有代表性的 IP 形象等。

图 3-40　视频导出界面

图 3-41　点击"一键分享到抖音"按钮

3.4.2　人格化 IP 的"人性"特征要如何设计

　　被市场验证过的 IP 能与用户建立密切联系和深厚的信用度，并且能实现情感层面的深层次交流，让用户感受到他在和一个人交流，有温度并且能得到回应。

　　这种需求是商业社会发展中的必然，为什么这样说呢？

　　中国从 20 世纪 50 年代物资匮乏，到现在琳琅满目、让人眼花缭乱的商品供应过剩，基本的使用需求已经被过度满足，用户有极大的自主选择权，他们还想要与提供方对话，实现社交上的满足感。所以，要站在用户的角度，给你的短视频赋予温度，甚至是品牌包装，拥有一个"人格化"的外壳。

　　这个"人格化"的外壳，需要借助下面四个维度进行系统的设计。

　　(1) 语言风格：你来自哪里。比如你有没有明显的口音，以及你的声调、音色等。

（2）肢体语言：你的眼神、表情、手势、动作是怎样的？有没有自己的性格？是开放的，还是拘谨的？是安静的，还是丰富的？

（3）标志性动作：有没有频繁出现辨识度高的动作，这一条需要后期刻意进行策划。

（4）人设名字：名字越朗朗上口越好，方便别人记住你，最好融入一些本人的情绪、性格、爱好等色彩。

上面这些都是聚焦外在认知符号的外壳设计，要想深入人心，就得借鉴一个人内在价值观的展现，接下来，详细地讲解到底什么是价值观和内在需求。

3.4.3　人格化因子要为"人的心理需求"代言

不管是口头语言、肢体语言，还是人设与外在世界的互动方式，背后都有不同的价值观在做支撑。例如，人的性格、价值观、阶层属性（善良、真诚、勇敢、坚韧、奋斗、包容、豁达、匠心、个性、追求极致、上等人、俗人）等。

这些都能引起人内心深处的精神共鸣，因为人在错综复杂的社会中有时候所追求的，无非就是人格及精神层面上的认同。

拿"一禅小和尚"来说，一大一小两个和尚拆解世间情感，让寻求心灵寄托的人得到情绪上的疏解，借用禅味来讲情感，相当具有说服力；而坐拥 3000 多万粉丝的"多余和毛毛姐"，集合了女性共有的性格和心理特征，巧妙刻画了一个备受女性观众认同的角色，让人直呼"内容太过真实"，获得用户的强烈认同感。

不仅抖音作品如此，但凡文化商品都具有这样的特质，例如故宫衍生品，迎合了人们对传统文化的精神认同感；又如哈利波特满足了人们对异空间的向往；再如网络上有口皆碑的黄渤，对他的推崇折射出人们对和谐人际关系的向往。

在策划人格化 IP 符号之前，要将你内在层面的东西确立下来，然后在实际运营过程中，不断反馈调整。人们都期待一个理想化的自我，在对抖音上各类 IP 的关注和喜爱中，用户往往不知不觉地完成了"理想化自我"的塑造过程。这一点，是需要大家花时间深入理解的。

3.4.4　IP 的形成是有过程的：从塑造到成型，再到深入

真正的 IP 意味着：有可识别的品牌化形象、黏性高，有成规模的粉丝基础、长时间深层次的情感渗透、可持续可变现的衍生基础。塑造优质 IP，需要做好打持久战的准备。因为任何事物品牌化都需要一个过程，下面举一个案例进行说明。

抖音有一个搞笑达人号叫"嘿人李逵"，这个账号在抖音拥有 700 多万粉丝，如图 3-42 所示为该账号的个人主页。

"嘿人李逵"是贝壳视频下的一个头部账号，他们把这个 IP 的打造分为三个阶段，分别是塑造期、成型期、深入期，每一个阶段都制定了不同的内容输出方案。

在塑造期，作品中重点体现的就是李逵的人设和性格特征，所有的内容都会围绕着人设来打造。经过一段时间的试验，发现粉丝反馈最多的人设标签就是"戏精""搞笑"和"蠢萌"。接下来，就通过不同的内容来放大这三个标签，以此来辐射更多的观看人群。经过测试，最终确定一个独有的标签，作为"嘿人李逵"的主要人设特征。

图 3-42 "嘿人李逵"的个人主页

在成型期，主要的工作是强化人设，围绕着确定的人设去设计内容。在这个阶段，策划团队尝试了对人设的丰富化和延展。

例如，策划具备正能量的作品，让粉丝看到李逵不仅很有趣，而且有担当，有社会责任感；又如，策划体现中外文化差异化的作品，通过李逵的外国人身份将外国文化与中国传统的本土文化进行碰撞，像"外国人为什么不闹伴娘""中国的那些杠精"就是这类作品的代表作。

在深入期，团队透过多元化的内容一直在挖掘、塑造人设的多面性，力图让粉丝在观看的时候有新鲜感。策划团队推出了四川方言题材的内容，让其人格化的标签更加地域化，作品更加垂直。

他们把经典小品片段加上抖音神曲，创作出一批适合李逵表演的搞笑内容，加上李逵的表演天赋极高，人们对经典小品又有怀旧情结，这类视频作品让"嘿人李逵"的 IP 更加深入人心，成为"全网最红的黑人"。

通过这三个阶段，从塑造期到成型期，再到深入期，IP 经历了市场的检验、论证和内部调整，会越来越趋向于成为一个优质的 IP。

3.4.5 阶段不同，打造人格化 IP 的内容体系也不同

上一小节用了"嘿人李逵"的例子来说明抖音 IP 形成的阶段性，在不同的阶段，需要策划的作品内容体系也是不同的。对于抖音账号策划及运营人员来说，有的可以完整地参与一个账号的启动和成长，有的就需要对已成型的账号进行重新规划，这两者的工作内容是完全不同的。维护和经营一个 IP，按照前期、中期和后期的阶段划分，在内容上有不同的侧重点。

在前期，首要任务就是策划出奇制胜的内容，让更多的用户知道这个账号、看到这个内容。一句话就是吸引目标用户的注意。

在中期，就要不断对已有的内容体系进行扩容，同时慢慢展现多样化的内容标签，催生账号的成长升级以及如何更好地变现的问题。

在后期，一旦账号步入成熟期的阶段，就会遇到瓶颈，在这个时候就要考虑迭代的问题。IP 的迭代升级是一个巨大的、有难度的工程，因为有一定的人设定位和粉丝积淀，重新打造 IP 的试错成本会变得很高，那么在这一阶段，账号与账号之间的合作，就会起到比较好的作用，再者就是要进行文化资源上的整合。通常在这一阶段，许多 IP 会考虑出圈，做影视、做综艺以及其他文化形态的事情，通过跨界以便于 IP 生命力的持续发展。

3.4.6 一定要持续创新和输出内容，保持账号活跃

一个 IP 的产生，需要不断地推陈出新以及保持账号的活跃，如果长时间没有新的内容输出，粉丝就会疲软，从而取关。所以一定要认真对待持续输出的工作，这样的 IP 才有持续的商业价值。目前许多抖音号为了吸引用户的注意力，基本上是一周三更、四更的节奏。

本节中介绍的打造个人化 IP 的六点技巧，对你打造抖音账号的定位能够起到指引的作用。如果没有正确的定位认知，你会更快地触到玩抖音的天花板，或者频繁修改你创作的目标和方向。

第 4 章

抖音算法：从推荐到上热门背后的逻辑

学前提示

对于一件事，我们不仅要知其然，还要知其所以然。抖音电商运营者不仅应该知道什么是获得推荐和上热门，更应该知道怎样才能获得更多推荐，更好地让作品上热门。

这一章笔者就从抖音算法出发，探讨抖音短视频从推荐到上热门背后的逻辑，帮助大家更好、更快地打造热门作品。

要点展示

- 流量池到底是什么
- 抖音账户权重基本算法
- 抖音推荐上热门核心算法
- 提升作品播放量的四个技巧
- 抖音短视频获得推荐的技巧

4.1 流量池到底是什么

在做抖音运营的过程中，经常听到一个非常专业的词就是流量池，从字面上看，似乎很容易理解，就是抖音给你发布的作品推荐观看人数。从专业术语解释流量池其实是"营销学"网络成交率倍增体系提出的一个新概念，指的是流量的蓄积容器，主要是为了防止有效流量流走而设置的数据库。

看到这么专业的术语，你是不是也想知道，影响你作品流量池大小的抖音数据库究竟是由哪几个指标组成的呢？

对抖音有研究的人应该猜出来了，第一个是你抖音账号的权重大小，第二个就是你发的作品的受欢迎程度。这两个指标直接决定了抖音给你作品推荐播放量的多与少。

4.1.1 抖音账号权重大小

许多人可能会遇到这种情况，自己拍摄的原创内容没有火，但是别人翻拍的作品却火了。这其中很大的一个原因就是受到账号权重大小的影响。

有很多人问笔者，到底什么是账号权重，又该如何提高自己的权重，从而得到抖音的关照呢？关于账号权重，简单来讲就是账号的优质程度，说直白一点，也就是你在抖音平台中的位置。权重会影响作品的曝光度，低权重的用户视频很难被大家看到，高权重的用户则会更加容易被抖音推荐。

可以将权重理解为你在抖音平台中的级别。高权重的账号就相当于是抖音的高级 VIP，对于这种有价值的客户，抖音自然会不遗余力地将你的作品推荐给更多人；而低权重的账号在抖音看来，就相当于是路人的角色，你的账号对它的价值不大，它也没有必要花费大量心血去帮你做推广了。

4.1.2 作品的受欢迎程度

作品的受欢迎程度对流量池大小的影响很好理解，当一个作品受到抖音用户的欢迎时，抖音用户会将该作品分享给自己的好友，而抖音的工作人员在看到作品受到抖音用户的欢迎之后，也会将该作品推送给更多抖音用户。

于是，受作品受欢迎程度的影响，抖音上的作品可能会出现两种极端，受欢迎的作品在一段时间内变得更受欢迎，从而得以快速传播；而不受欢迎的作品，从一开始可能就会少有人问津。

如图 4-1 所示的两则短视频中，左图中的短视频点赞数超过 80 万、评论数超过 3 万、转发量超过 2 万；而右图中的短视频，点赞数、评论数和转发量都为 0。如果你是抖音运营者，你更愿意将哪则短视频分享给更多用户呢？答案应该是显而易见的。

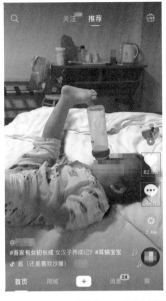

图 4-1 受欢迎程度不同的两则短视频

4.2 抖音账户权重基本算法

一个高权重的账号除了注册信息真实以外，更重要的就是作品的基础数据。下面笔者就来介绍有哪些基础数据会影响你的账号权重。

4.2.1 作品本身的优质程度

作品本身的优质程度，比如视频画质是否清晰、有没有违规、是否是原创以及稀缺度等都会影响账号的权重。

如图 4-2 所示的短视频，不仅画面不够清晰，而且还显示了抖音号的水印。很显然这就是一则搬运的短视频。这一类短视频，抖音怎么会愿意将其推荐给大量抖音用户呢？

如图 4-3 所示的短视频，主要是对一只戴着眼镜的狗狗进行展示，并且在文案中将狗狗说成是老爷爷的孙子。这种短视频不仅是原创的，而且是比较少见的。再加上这则短视频拥有一定的点赞量、评论量和转发量。因此，抖音运营者在看到抖音用户对该短视频的反映之后，自然会将其推送给更多的抖音用户。

图 4-2　搬运的短视频

图 4-3　原创的稀缺短视频

4.2.2　发布作品的相关技巧

作品的发布时间、有没有参与抖音热门和你添加的位置等都是影响账号权重的重要因素。

如图 4-4 所示的两则短视频，不仅参与了一些热门话题，而且添加了店铺的位置。再加上文案和视频画面对抖音用户具有一定的吸引力，所以，短视频发布后不仅吸引了大量抖音用户，抖音运营者在看到抖音用户对这两则短视频的反映之后，也会乐于将其推送给更多的抖音用户。

图 4-4　带有话题和地址的短视频

4.2.3　作品的互动数据指标

作品的互动数据（这里主要指的是点击量、完播率、评论转发和关注数据等）是衡量其受欢迎程度的重要因素，也是抖音判断一则短视频是否值得被推荐的主要依据之一。

如图 4-5 所示的两则短视频，左图中的短视频点赞量、评论量和转发量都为 0，且整个短视频要表达的意思不明朗；而右图中的短视频，点赞量达到了15 万，评论和转发也破万了。如果你是抖音运营者，你更愿意将哪则短视频推荐给抖音用户呢？答案是不言自明的。

图 4-5　互动数据不同的两则短视频

4.3　抖音推荐上热门核心算法

想要知道抖音的核心算法，首先要搞清楚抖音的推荐逻辑，推荐逻辑分为三种，即基础流量、叠加推荐、时间效应。

4.3.1　基础流量：大爆炸阶段 100 万推荐量

基础流量分为三个阶段，第一个阶段是冷启动阶段，抖音会给你的作品300 ～ 1000 人的推荐量；第二个阶段是小爆发阶段，有 1 万～ 10 万人的推荐量；第三个阶段是大爆炸阶段，会有 100 万人的推荐量。

4.3.2　叠加推荐：综合权重进行下一轮推荐

笔者先来解释一下什么是叠加推荐。如果你的作品点赞、评论等用户反馈都不错，那么，抖音就会利用系统大数据根据内容的综合权重，来进行下一轮推荐，这就是叠加推荐。

为了便于理解，下面举个例子。比如，在作品的第一阶段，抖音给了你 500 人的推荐播放量，这个时候有五个用户觉得你的视频还不错，给你点赞、评论或者转发，这个作品会被抖音初步认为受欢迎，系统就会给作品自动加权叠加到 3 万的推荐量。第二阶段也有一系列指标，如果达标就继续加权叠加到一个更高的推荐量，以此类推。

综合权重的关键指标有：完播率、点赞量、评论量和转发量等，且每个梯级的权重各有差异，当达到了一定量级时，则用以大数据算法和人工运营相结合的推荐机制。

4.3.3　时间效应：过一段时间后视频突然就火了

还有最后一个逻辑，时间效应。有的视频刚开始不火，等过一段时间后这个视频就突然火了。这就是推荐算法的独特之处，抖音为了避免优质的内容被埋没，只要有人给你原来的作品点赞、评论或者转发，它就会重新把你挖出来进行推荐，在行业中有人叫它"挖坟"。

以上就是抖音核心算法的三个逻辑，总之想要获得抖音的推荐，就要学会利用好抖音背后的推荐逻辑。当然，除了掌握推荐规律以外，你还要遵守抖音的相关规则，否则一不小心就会被抖音关小黑屋或者重置。

4.4　提升作品播放量的四个技巧

想要提高作品播放量，除了作品内容本身的质量和稀缺性外，还有没有其他辅助手段呢？经过前面几章的学习，对于抖音算法有了一个初步的了解，这一节就来介绍提升播放量的四个技巧。

4.4.1　选择合适的发布时间

在抖音不同的时间段内发布内容，效果自然也不一样，为了获得大量精准用户的关注，选择合适的发布时间段就显得非常重要。不仅要搞清楚什么是黄金时间，还要懂得结合目标用户的使用习惯来发布。

1．"公认"的黄金发布时间

在抖音圈里，流传最广的黄金发布时间，用四个字来总结叫"四点两天"。

所谓"四点"，是指周一到周五的四个时间段。

(1) 7:00 ~ 9:00 这个时间段。这个时间里，大多数人刚睡醒，刷一刷抖音醒醒神，或者在上班路上无聊，看一看抖音上有趣的视频。

(2) 12:00 ~ 13:00 这个时间段。大部分的人忙了一上午，不管是工作也好还是上学也罢，终于可以歇下来，趁着吃饭的时间刷一刷抖音，看看最喜欢的小哥哥、小姐姐有没有更新。

(3) 16:00 ~ 18:00 这个时间段。这个时间段主要针对那些坐办公室的人，手里的工作基本处理完了，有点空闲时间就刷抖音放松一下，坐等下班。

(4) 21 点左右这个时间段。不管是下课还是下班，刚收拾完，终于可以躺在床上放松一下了，睡前无聊刷抖音打发一下时间。

所谓"两天"：这里主要是说周六日的休息时间。

如今的人都比较宅，周六日更愿意一个人悠闲地躺在床上，什么也不想，除了追电视剧就是玩游戏、刷抖音。

四点两天，可以说几乎囊括了主流用户停留在抖音的峰值区间，难怪被公认为抖音内容黄金发布时间。

2. "老司机"眼中的最佳发布时间

在抖音"老司机"眼中，相比于时间，他们更注重对内容的打造和雕琢。根据发布时间，大概可以把它们分为四类。

1) 选择固定的时间发布

很多抖音号其实不关心所谓的最好或者最佳时间，他们找好一个固定点，每天准时准点，就在这一个时间发。这样做有一个好处，就是能培养粉丝的忠诚度，只要你的内容不错，每天这个时间他就会等你。

2) 追逐热点发布

有一部分账号，没有固定的时间点，往往在热点产生的第一时间，快速打造出符合自身调性的内容，"趁热"发出来吸引粉丝、获得曝光率。

3) 错峰发布

目前，很多大号将发布时间集中在 16:00 ~ 20:00，这可以从抖音用户活跃时间分布上找到原因。

从 16:00 一直到凌晨，是一个用户活跃度高，对放松、娱乐需求更集中的时间段。在这个区间的优质内容，能够即时得到精准标签用户的反馈，上热门的机会更大。也恰恰是这个原因，造成了大量新内容的扎堆。

要知道，抖音活跃用户是存在上限的，例如，推荐量 1000 万，同一时间有 10 个好作品被系统推，和同一时间有 100 个好作品被系统推，肯定是那 10 个好作品能够获得的曝光率更多。

因此，很多"老司机"选择了错峰发布内容，提前或者延后一个小时或半个小时。在抖音作品相对来说还不多的时候发布，能让自己的内容获得更好的数据，或者说进入更好的推荐池中。

4）无特定规律，自由发布

在"老司机"眼中，会发现很多有意思的人。有个百万级别的账号，从凌晨1点到早上7点，哪个时间都测试过，最终的综合数据证明晚上发布作品的数据竟然比白天发布的都要好。

3. 发布的关键点

上面就是关于发布时间的两点技巧，大家要根据自身情况来设计自己的发布时间。下面讲解几个关键点。

1）参考同类型大号的发布时间

在抖音，账号做不起来的原因千差万别，但做好的账号，很多地方往往都能找到相似的踪影。同类型大号，之所以成功，除了入局更早、内容更好、文案更棒等原因外，他们的发布时间同样值得我们借鉴和参考。

在爆款内容更集中的时间段，同类型标签用户的反馈一定是更高的。所以对于新号来说，要先跟随，然后选择错峰发布。

2）看账号主流用户群的使用时间

除了参考同类型大号之外，还要结合自己产品、服务、标签的主流用户使用场景来决定发布作品的时间。例如，如果你是教健身的，就尽量避开工作时间；如果是睡前护肤的，就不需要选择白天；再拿美食类账号来说，用户一般会在什么样的情景下看你的内容？吃饭（做饭）之前、22:00之后，以及上下班的路上……你只有在特定场景下才能带来互动，互动率越高，也就意味着上热门的机会越大。

3）经常关注"热点、热搜"

热点、热搜、平台活动，都是能够带来大量曝光的入口。在发布内容时，找到适合自己发挥的"即时热点"，快速跟进，在平台追热点内容还没大量涌上来时，第一时间收割粉丝的关注。

总之，从一个普通抖音用户的角度来看，任何一个时间刷抖音，其实都是能看到爆款的。至于哪个时间发布更适合，还需要靠大家多摸索、多实践以及前期不断地测试。

4.4.2 提高作品的互动数据

提高作品的互动数据。影响权重的互动数据在前面多次提及，有点赞、关注、评论和转发。当然，还有其他的，但这四个数据是主要的推荐指标。

为了提高这四个数据的量，有条件的人可以用不同的手机号注册多个助攻号，每次自己发完作品后就随机提高其中一个指标。切记，不要在同一时间段点赞，甚至视频还没有看完就评论，这很容易触碰抖音的规则。

4.4.3 发布作品的时候多 @ 相关的人

在抖音中，@ 表示提醒谁来看你的视频。如果对方粉丝数量比较多，一旦转发了你的视频，你的播放量自然也就上去了。

在这里，@ 也要讲究一下技巧，首先是你的内容要与对方相关，不能无缘无故地 @ 别人。比如，可以让对方帮自己评价或者用内容相似和对方互动等。

4.4.4 选择合适的挑战或者合拍

抖音每天都有很多的挑战活动，你要根据自己账号的定位积极参与合适的活动。另外，有很多热门的视频，如果与你的内容相符，你与对方合拍就更容易被用户看到，并获得抖音的推荐。那么，如何进行合拍呢？接下来，笔者就对具体的操作步骤进行简要的说明。

步骤 01 在抖音短视频中选择需要合拍的热门短视频，点击视频播放界面的 按钮，如图 4-6 所示。

步骤 02 操作完成后，将弹出私信分享对话框。点击对话框中的"合拍"按钮，如图 4-7 所示。

图 4-6 点击 按钮

图 4-7 点击"合拍"按钮

步骤 03 操作完成后，手机屏幕将分成左右两部分显示。右侧显示的是热门视频的播放界面，而左侧则是手机镜头拍摄的画面，如图 4-8 所示。

步骤 04 用户只需点击视频拍摄界面的"拍视频"按钮，便可进行视频合拍操作，如图 4-9 所示。

图 4-8　手机屏幕分两部分显示

图 4-9　开始合拍视频

4.5　抖音短视频获得推荐的技巧

要想让抖音短视频获得推荐，成为热门，抖音电商运营者还需要掌握一定的技巧。这一节，笔者就对抖音短视频获得推荐的技巧进行解读，帮助大家更好、更快地上热门。

4.5.1　你的作品不被推荐的原因

看到标题，读者可能很期待看到这一小节的内容了，为什么呢？因为很多不会玩抖音的用户，按照笔者说的正确养号的操作方法实操以后，发现自己发的视频还是没有什么推荐量，自己也没有使用违规的敏感词，为什么除了自己点的几个播放量之外，就没有其他人观看呢？

其实，除了违规敏感词以外，你的作品之所以不被抖音推荐，还可能因为你犯了以下几个错。

1. 有水印的内容

很多用户发的作品要么是在其他平台搬运的内容，要么是用视频工具剪辑或者拍摄的时候带了产品的水印。切记，除了抖音官方提供的贴纸可以用以外，不建议用其他平台工具添加贴纸。

有的用户用抖音拍摄的视频，觉得不够好，就下载下来剪辑后重新上传。切记，上传带抖音水印的作品，哪怕是你自己的视频也不行。

在这里，大家尽可能不要用抖音拍视频，因为抖音的剪辑功能有限，还是用手机自带的相机拍摄，再导出以方便后期剪辑。如果必须上传你搬运过来的作品，至少要利用去水印工具把水印去掉才可以上传。

2. 不适合传播的内容

抖音毕竟是一个公众平台，所以，它很重视未成年人的健康教育，很多内容在社会中传播可能没什么影响，但是在抖音上是不让播的。不适合传播的内容有很多，我们要尽可能地做好规避。

3. 含有疑似广告的内容

抖音每天有过亿的播放量，很多人与你一样也看到了商机，但是，不懂抖音规则，上来就随便打广告，很容易因为违规而受到处罚。抖音为了维护短视频社区的长久活跃，现在利用人工和机器检索，严厉打击营销目的强的抖音账号。

用户一定要注意了，在没有足够的粉丝之前，还是老老实实地先把内容做好，等你有了一定粉丝之后，就可以通过合理的方式变现了，切记千万不要一上来就发广告。

4. 形式单一和无聊的内容

你的账号养得再好，如果你发布的作品经过几次推荐后，用户互动效果不佳，抖音就会降低你账号的权重，给你的推荐播放量越来越低，沦为"僵尸号"，也就是抖音不再给你任何推荐，你以后发的所有作品只能自己看到。

5. 视频画面模糊的内容

其实，有很多人的作品拍得不错，但是视频清晰度不够。有的是手机摄像头像素本身的问题，这个好解决，既然你已知道现在玩抖音有赚钱的机会，那你就要舍得花点钱买一个小米手机或者苹果手机。还有的是拍的时候很清晰，上传到抖音上，画质就变模糊了，抖音的像素比是 1080×1920，大家按照这个像素比导出视频就行。

上面的五大问题，你在发布作品的时候遇到过吗？如果有，就一定要在看完这一小节内容以后第一时间调整，避免被抖音降权或者封号。看一下自己的抖音号有没有带广告，如果有，陆陆续续地删除掉。如果有除广告以外其他问题的作品，也陆陆续续隐藏起来吧。

4.5.2 启动阶段，快速被推荐的秘诀

很多人在冷启动阶段，不知道如何做才能让自己的作品被抖音推荐。想要你的视频被推荐，取决于点赞量、评论量、转发量、完播率这四个主要指标。

所以，想要获得推荐，就要在第一时间想办法提高这四个指标，接下来笔者教大家一些简单的操作套路，让你的作品获得更多推荐。

1. 引导留言、点赞

在视频结尾处让用户看完你的作品并且引导用户给你留言点赞，比如你可以在视频结尾中用手指小红心让大家点点关注，或者引导大家在评论区留言。

2. 善用反问句式

在视频描述文案里通过反问或者给用户惊喜的方式引导互动并且提高完播率，比如你可以写"看到最后有惊喜""你说我是吃还是不吃呢？在线等！""谁能够给我出出主意"等。

3. 用小号带节奏

视频发布以后，第一时间用自己的助攻小号神评论带一下节奏，让更多的用户也参与到评论互动中，然后尽可能地用幽默的方式回复用户的评论。

4. 群发红包要数据

搜索"抖音互赞""抖音互评"等关键词，加入相应的 QQ 群或者微信群。每次发完作品后，通过发红包的方式，让大家帮你点赞评论。

5. 设置参与奖励

设置奖励，这里的奖励可以是虚拟的，也可以是实物。比如点赞超过多少爆照，这招很适合长得好看的小哥哥、小姐姐。如果你有才艺，关注超过一定量可以给大家真人直播。当然，有人可能说，如果我既没有颜值，又没有才艺，我应该怎么设置奖励呢？你可以在评论区留言，给留言、点赞最多的用户送一份小礼品，比如赠书之类的。总之，你的奖励越吸引人，用户的参与度就越高。

4.5.3 抖音挑选内容背后的逻辑

在发布视频后，大家都特别想知道抖音是如何挑选内容的，接下来介绍抖音挑选内容背后的逻辑。

有的人对今日头条的分发机制不陌生，而抖音也正是采用了极度相似的分发机制。抖音在产品层面加入了算法推荐模型，来保证视频的分发效率和去中心化。通常来讲，先后顺序包括：消重、审核、特征识别、推荐和人工干预等。

1. 消重机制

当你的视频发出去以后，会有一段上传时间，在上传的过程中系统会自动检测是否存在高度相似或者相同的视频。如果存在相同的内容，说明你搬运的可能性极大，这样的内容基本会石沉大海。如果是高度相似的内容，除了拍同款以外，比如像改编或者模仿等，只要作者发布账号权重较高或者内容本身有价值，抖音仍旧会正常推荐。

这里的消重主要针对直接上传他人原创视频或者进行简单剪辑后的消重，这样做是为了鼓励原创，最大限度地避免内容重复。

2. 审核机制

抖音同样包括机器审核和人工审核，以机器审核为主，人工审核为辅。

机器审核自带强大的内容拦截库，一旦出现与拦截库相匹配的内容，包含标题、视频内容，就不会通过审核。

3. 特征识别机制

当你的视频通过前两个审核后，抖音会根据视频内容及标题内容进行识别，来初步判断你的视频可会能有什么样的人群喜欢并且打上标签，然后把视频推送给对应标签的兴趣人群。

4. 推荐机制

为了让受欢迎的内容被更多人看到，不受欢迎的内容不会过多地占用推荐资源，往往会被分批次推荐。首先会推荐给一批对其最感兴趣的用户，根据这批用户产生的互动数据是否达标，再决定下一次推荐。

5. 人工干预机制

机器再强大，也有疏忽的时候，所以，抖音招收了大量兼职担任内容审核员的人。由内容审核员进行第二次重新审核，一旦发现违规情况，要么视频被关小黑屋，要么账号被封禁。当然，为了维护抖音短视频"高质量内容社区"这个口碑，产品中也设置了用户举报机制，从而带给用户更好的体验。

4.5.4 任何时候都要建立数据思维

抖音发布的《2018 抖音大数据报告》显示，截至 2018 年 12 月，抖音国内日活跃用户数突破 2.5 亿，国内月活跃用户数突破 5 亿，北京成为 2018 年度"抖音之城"，《小星星》和手势舞是年度最受欢迎的音乐和舞蹈。

可能有人会说，抖音大数据报告和这一小节的内容又有什么关系呢？当然有关系，抖音的大数据直接关乎你的作品和未来的走向。另外，抖音每年都会花大量的经费邀请第三方机构进行数据分析和统计，为什么会这么做？其中的原因就是数据背后带来的商业价值，我们自己拍抖音也是，一定要有意识地建立自己的数据分析思维，只有这样，你才能不断地优化和进步。

分析抖音的数据主要从以下四个角度出发。

1. 分析自己的视频数据

分析用户和你发生的互动数据，包含视频播放量、点赞数、转发和评论关注等。你自己是看不到转发数据的，你可以用助攻小号统计，分析的目的是用户对你这个视频的欢迎程度和刺激用户的痒点。微信有一定粉丝的朋友，还可以使用AB 测试法，也就是同样的视频内容可以在发布之前给不同的人看，分析更受哪类人群的欢迎，然后收集意见进行优化调整。

2. 同行视频数据分析

这里主要是分析同行的基础信息，比如头像、昵称和签名。还有对方作品的更新频次，什么作品最火，创作思路以及对方的封面标题等。还是那句话，只有知己知彼，才能百战百胜。如果能把所有同行的优点都集中在你的账号上，你想不火都难。

3. 热门视频数据分析

想要拍出热门视频，你就要经常刷热门，因为用户的口味变化非常快，而热门就代表了用户当下的喜好和内容走向。你不仅要多看，还要拆解每一个作品火的背后到底是为什么，这样你就会逐渐形成自己的方法论和网感。

4. 搜索视频数据分析

抖音的搜索数据就好像百度的 SEO 一样，知道用户在关注什么样的内容，这样你就能精准地得出用户感兴趣的作品，做到未卜先知。数据分析不能单凭自己的感觉，一定要通过数据的真实反馈，才能找到问题所在。

最后，分析数据的目的是找到用户真正的需求，以此来调整标题、封面、内容、细节、关键词、发布技巧、作品类型、讲解方式等，让你的内容更容易上热门。

4.5.5　学会逆向思考，让你的作品更受欢迎

所有的人都想让自己的作品上热门，却很少有人会思考，用户为什么要给你的作品点赞、评论，并且关注你。

人都是只关注自己的动物，在拍作品的时候都只想着表达自己的想法，忽略了你的作品能给用户带来什么。如果你拍的作品和用户没什么关系，那么别人看到你作品后，当然就轻易滑走了。

通常你会点赞、转发什么样的内容？可能每个人都会有自己的答案，不管怎样，一定离不开这几点。

(1)有用。这个词比较容易理解，就是你的作品能给用户提供什么有用的信息，可以是干货类，也可以是资讯类的，还可以是经验类的。

（2）有趣。现今社会中，人们的生活压力都比较大，如果你的内容有转折点，就能够让用户喜欢上你。

（3）共鸣。这里指的是情感共鸣和经历共鸣，你的内容能够触动到对方，让用户引发情绪的波动和认同。

（4）创意。你和别人有什么不一样，能不能给对方带来感官上的刺激，甚至颠覆用户的认知？

（5）好看。无论是人还是风景，只要是好看的事物谁都会喜欢，激发用户对美好事物的向往和追求。

以上五点，只要满足其中一点，你的内容就能让用户喜欢，当然你的作品满足的点越多，上热门的概率也就越高。所以在创作作品的时候，想要获得用户的点赞、关注，就看你的作品到底满足了用户哪些需求？他会因为什么而喜欢上你的作品？一旦培养了创作逆向思维，不再是单纯凭感觉创作，你就离用户和热门近了一步。

4.5.6　掌握利他思维才能有高点赞作品

何为利他？就是你能为别人提供什么价值。这个价值可以是实体的，也可以是虚拟的，比如金钱、知识、快乐、情感等。现在抖音号有很多，如果你不能提供你独有的价值，很快就会被淹没在信息流里。

所以，想要对方点赞和关注，你一定要有利他思维。如何才能放大自己的价值呢？抖音电商运营者可以重点做好以下五个方面的工作。

1. 从自身点出发

思考自己擅长什么，比如讲段子、才艺展示、观点输出、戏精表演等，这些都是你个人的价值。有人会说，我什么也不会怎么办，如果你颜值高或者有特色，这也是价值。总之每个人身上都有可以挖掘的闪光点。

2. 找参照抖音号

找到和你提供同等价值的账号，看对方的展现形式，吸收可以借鉴的点，甚至有些爆款的内容加以修改后拿来用，这是前期做内容的时候最容易突破的。

3. 系统收集资料

通过各种渠道以及和用户聊天的方式，收集各种与你的价值相关的资料。比如：如果你拍搞笑段子，就可以上一些像皮皮虾等段子类的软件收集你感兴趣的素材，作为你以后的内容储备。

4. 价值放大镜

这里的放大镜，指的是一旦确定了价值点，内容要反复地出现一句话——洗脑金句。我开篇说的一句话就是每天一个小知识，快速玩转抖音。这句话就是用来放大我所提供的价值的，让读者明白我会玩抖音，从而让抖音用户关注我。

5. 及时反馈纠错

你所认为的有价值的点，可能在别的用户看来并没有什么价值，或者压根不是他们感兴趣的。这个时候，你就要根据身边人和用户的反馈进行调整，找到你的问题所在，看是你所提供的价值不适合你，还是你的内容比较浅显吸引不到用户。

人都是趋利避害的，哪里有好处就愿意往哪里去。你提供的价值点越多，就越容易吸引粉丝的关注。

4.5.7　用好这招，你的作品就能上热门

什么是热点？简而言之，就是当下大家都比较在意和关心的事。跟热点也叫借势营销，这是抖音达人们经常使用的方法。热点分为两种，一种是可预知的热点，比如大型的赛事或者节假日，比如每届的世界杯总决赛。另一种是不可预知的热点，比如社会重大新闻或者明星八卦。

为什么要学会跟热点呢？因为热点本身就自带传播属性，正是因为大部分人都关心，所以热点的背后往往蕴藏着巨大的流量和关注度。究竟要如何正确地蹭上热点呢？接下来，笔者向大家介绍在抖音上跟热点的常见三种形式。

1. 热点音乐

抖音之所以叫抖音，抖的就是音乐，音乐才是抖音的灵魂。玩过抖音的人都听过洗脑神曲《海草舞》，你看现在谁拍视频还会用《海草舞》配音，基本没有了是吧！如果你用早就过时的音乐作为配音，对粉丝来说麻木了，抖音也很难主动给你推荐的。

热点音乐不只是一首歌，它可以是一首歌的一小部分，或者是一个抖音里面的梗。比如爆火的反转音乐或者流行语，像什么"好嗨哟！""你这个糟老头子坏得很！"等等。

大家要经常留意抖音热搜的音乐榜单，看什么样的音乐最近比较流行，然后在此基础上进行创作。对于没有时间天天刷抖音的人，我推荐一个小程序叫"西瓜指数"，里面会实时更新热门音乐。

2. 热点事件

大家还记得当初 IG 夺冠的时候吗？那时候，微信朋友圈、微博、抖音上有许多关于 IG 的事。IG 夺冠当天，只要你发与 IG 相关的内容，你就能火，而且抖音也愿意给你推荐上热门。

还有备受关注的中美贸易战，点燃了国民的爱国情绪，那时候大家都在支持华为。只要你发一个与华为相关的内容，只要素材不错，就会收获用户的点赞。

大家要记住了，蹭热点内容的时候，一定要结合自己的内容定位和人设去蹭，不要乱蹭。

如果你是做游戏领域的，IG夺冠的内容，你可以去蹭。如果你是做营销领域的，你可以分析王思聪是如何在微博推广IG的；如果你是做服装穿搭的，你可以科普选手们生活中的穿衣搭配；如果你是萌宠的，你可以收集王思聪爱犬的信息，然后跟热点。

但是，如果你是做和这个热点不相关的领域，比如：科技、美食的，育儿等领域，就不要去蹭了，这样，你的账号就会不聚焦，会让用户觉得你很散。总之，要大家记住，蹭热点一定要学会取舍，结合自己的领域去蹭，不要什么都想着蹭。

最后一点，就是中国人对于一些大型节日通常是比较重视的，你至少要在节日前半个月就要开始提前规划和准备，拿春节来说，你可以提前搜集大家关心的点，像年轻人被七大姑八大姨问很多问题，你就可以围绕着这个场景，结合你的定位，设计相应的内容。

3. 流行的拍摄形式

市面上有很多创意拍摄模板，有些模板经过达人一推就立马火了。如果你在刷抖音，或者看西瓜数据热门视频的时候，发现这个视频的拍摄形式最近比较流行，你就可以结合自己的内容来跟一波热点。

当然，你也可以关注一些创意拍摄软件，然后找一些好玩的模板自己玩起来，也许因为你的率先尝试就能快速火起来。

在这里给大家推荐一款创意软件叫"趣推"。里面就有很多新颖好玩的拍摄模板。当然，我们也可以对新的拍摄形式进行改编，加入一些更搞笑的元素点进去，这样就会获得更多的点赞和关注。

第 5 章

内容创作：让你分分钟成为抖音红人

学前提示

抖音号运营，内容创作是关键。那么，什么样的内容更容易打造成优质短视频，上热门？又如何持续创作出高质量的短视频呢？

笔者将重点对这两个问题进行解答，让你分分钟成为抖音红人。

要点展示

- 做出快速传播的内容：上热门的共性
- 优质短视频的硬标准之一：静态特征
- 优质短视频的硬标准之二：动态特征
- 什么样的内容最容易火：八大热门类别
- 持续高质量内容创作的秘密，你必须知道

5.1 做出快速传播的内容：上热门的共性

很多人玩抖音，自己作品的播放量不高，第一时间想的是自己账号权重是否高，而从来没有想过自己作品有什么问题。

抖音是一个去中心化的平台，除了基础的规则外，只要你的内容互动比较高，就有机会上首页推荐，也就是抖音的热门。上热门的作品其实都有一些共性，如果你掌握了这些共性，就相当于建立了一套打造和识别什么是好内容的标准。有了这套标准，你就能够给别人进行内容诊断，知道对方的作品应该如何优化和升级。

究竟一个好的作品，有哪些核心秘诀呢？接下来笔者就来介绍制作快速传播作品的六个核心点。

5.1.1 提高网感的不二法门

所谓好作品，就是让用户看完有共鸣，这样的短视频才叫好作品。因为它不但能切入生活情境，还能在短时间内调动观看者的情绪，更重要的一点是，能最大限度地引发受众的认同感。而这种认同感，就是网感中的一部分。

其实"网感"这个词一点也不新鲜，早在互联网行业出现的时候，它就出现了，而现在它已经成为包括短视频在内的所有互联网从业者必备的基础能力。

究竟什么叫网感呢？用一句话来说，网感其实就是你对互联网的敏感度以及知道什么样的内容大概率能火。

例如，父亲节期间，有很多账号都在蹭父亲节的热点，这就是对节日的敏感度。又如，美国经济贸易战，为了争夺 5G 的市场，制定出了一系列封锁华为的政策。于是就有很多账号，利用华为事件，在视频中支持华为国产手机，其视频中的行为瞬间引发爱国人士点赞。

很多抖音运营者嗅觉很灵敏，只要他（她）接触到信息，他（她）就知道什么能火，而且往往能快速做出反应。这种异于常人的毒辣眼光和敏感度，其实都是通过刻意练习产生出来的。

下面提供几个建立网感的小技巧。

1. 留心生活，洞察人性

一个作品之所以能火，甚至能引发大量用户评论，其实是背后的人性在起作用。只有你留心周边的生活，加深对人性的了解，你才能够掌握作品背后火的根本原因。

在这里，大家可以多看些心理学的书籍。例如，《九型人格》这本书就是把人分为九个类型，每个类型背后都有着不同的动机，建议大家可以看看。

2. 留意短视频和生活的热点

抖音短视频基本上每天都会有新的东西出现，大家每天都要抽时间浏览一下抖音的热搜榜单，看下抖音最近的流行词和流行 BGM。看到合适的，你就把它收藏起来作为素材储备，即使现在用不上，迟早有一天能用上。

还有，就是你要留心外界的热点，例如，微博上面就有很多社会性的热点话题，这些都是大家的素材。

3. 敢于勇敢地表达自己

可能有人会觉得表达自己有些难度。因为有的人平时在生活中就是一个比较闷的人，不愿意把自己真实的想法坦露出来。一直在舒适区待习惯了，久而久之对自己就有了一个不善言辞的刻板印象。

不管你是自己玩抖音，还是教别人玩抖音，你都要勇敢地表达自己，因为网感就是爱谁谁、我想说就说、你爱看不看的态度。只有当你敢于亮出自己的观念、立场和想法，才会吸引与你价值观趋同的人。

5.1.2 打造快速识别你的金句

可能有人对金句的定义还不是很清楚，从字面意思来讲，金句就是像金子一样有价值的话。说者不一定要有名，但语句要言简意赅，能给人留下深刻印象。

相信有不少人听过"美少女小慧"这个抖音账号，一口湖南普通话给人留下了深刻印象。她的金句就是"我这该死的，无处安放的魅力啊！"

金句一定要符合你的人设。例如，小慧的人设是"喜欢自恋的美少女"，那句"无处安放的魅力"加上她一本正经的搞笑状态就给用户展示了一个有趣、充满喜感的小慧，可以说最后那个金句就是她独有的记忆符号。

这种金句打造的专属记忆符号，就像视觉锤一样植入抖音用户的心中，只要你一想起这句话就能想起她，说白了这就是洗脑的作用，由此可以看出有自己的金句多么重要。

怎样才能有自己的抖音金句呢？在这里笔者可以教大家几个招式。

(1) 介绍式。就是直接以自我介绍的方式告诉大家你是谁，例如，"我是很想红的全网红"，像这种就是一句话介绍自己的金句。

(2) 价值式。直接告诉大家你能提供什么价值，例如，"每天为你读一本书"，这种就是通过你提供的价值，以此来提炼的金句。

(3) 幽默式。"美少女小慧"采用的就是幽默式金句，通过夸张、自恋来体现。

上面这三种就是抖音金句的常见招式，大家只要按照上面的方法也可以拥有自己金句，再次强调，金句一定要符合你的人设和拍摄方向，这样才能放大你的品牌价值。

5.1.3 吸睛短视频标题的套路

一个标题有没有吸引力，能不能抓住粉丝的眼球，就显得至关重要。尤其是现在短视频那么多，你的标题没有一点套路，就很难引起粉丝的点击欲望。

如何才能给视频取一个好标题呢？接下来，笔者就介绍常见的取标题的套路。为了方便大家理解，笔者会给每个标题都举例子。

1. 以"利"诱人

有好处谁都喜欢，抖音电商运营者可以在标题中直接指明你的利益点，这里的好处不是指给实物，而是让用户有占便宜的感觉。在这里笔者是给大家提供一种思路，当然，也不是所有的作品都适合利益诱导。

如图 5-1 所示的短视频中，便是通过在标题中用"如果点赞到 100 万，我就放他跳舞的完整版"来引导抖音用户点赞。

图 5-1　以"利"诱人

2. 以"新"馋人

人们总是对新鲜的人、新鲜的事物感兴趣，这是人之常情，你要学会把握住这个特征，制造出具有新闻价值的标题，往往能引发巨大的轰动。下面列出一些新闻标题常用的词语：惊现、首度、第一次、领先、创新、终于、风生水起、暗流涌动等！

如图 5-2 所示的短视频中，将"女生第一次见家长必备攻略！！！"作为标题，这样一来，部分热恋期的女生想知道第一次见家长怎么做，或者有的抖音用户只是抱着看热闹的想法，在看到标题之后，也会愿意将短视频看下去。

图 5-2 以"新"馋人

3. 以"情"动人

人是有感情的动物，无论是亲情、友情还是爱情，无时无刻不被"情"所包围。所以借助这个特性，可以根据内容在标题抓住一个"情"字，要用"情"来打动读者，写此类标题的时候，你一定要融入自己的情感。

如图 5-3 所示的短视频中，便是将"一辈子的闺蜜"作为标题。看到标题之后，抖音用户就想知道什么才是一辈子的闺蜜，而要知道答案，自然就会选择看这则短视频了。

图 5-3 以"情"动人

4. 以"事"感人

从小到大，我们就喜欢听故事，尤其是让人感动的故事，让我们记忆尤为深刻。如果你的内容有故事，就可以用故事型标题来吸引人点击。

如图 5-4 所示的短视频中，将"未婚狗狗善良抚育两只失去母亲的小猫长大的感人故事"作为标题，表达了动物间跨越物种的大爱。这个故事令许多抖音用户深受感动，大量抖音用户为这只善良的狗狗点赞。

图 5-4 以"事"感人

5. 以"悬"引人

电视剧《人民的名义》播出当年，收视火爆，为什么这部电视剧会吸众人关注呢？很大程度上是因为一个接一个扣人心弦的剧情，因为你猜不出下面一集剧情会走向何方？写标题也是如此，要学会埋伏笔，让粉丝急于了解真相。此类标题应具有趣味性、启发性和制造悬念的特点，并能引发用户讨论。

如图 5-5 所示的短视频中，标题为"这只猫终于长大了，懂得帮我们分担一些事情了！"。这个标题直接在抖音用户心中留下了悬念：到底这只猫分担了什么事呢？于是许多抖音用户带着这个悬念看完了整条短视频。

6. 以"秘"迷人

和悬疑一样，大家最喜欢听到各种真相，人类的求知本能也让大家更喜欢探索未知的秘密，于是揭秘的标题往往更能引发关注。如果大家有关注科幻类的抖音号，你会发现，这些标题通常有秘密、秘诀、真相、背后、绝招等关键词。

如图 5-6 所示的短视频中，标题为"完美蛋羹制作秘诀，只成功不失败。"，看到这个标题之后，抖音用户为了了解完美蛋羹制作的秘诀，自然就会愿意查看这条短视频。

图 5-5　以"悬"引人

图 5-6　以"秘"迷人

7. 以"险"吓人

恐吓式标题一般出现在安全健康类的账号中，通过恐吓的手法吸引读者观看视频，比如因为某个坏习惯引发的各种问题，相关标题能引起粉丝强烈共鸣，而这个坏习惯几乎大部分人都有，能让别人意识到他以前的行为是错误的，或者产生一种危机感。

图5-7所示的短视频的标题为："警惕！路边碰到这种小红土堆，赶紧躲远点！曾有多人中毒、休克！"。很显然，这就是典型的以"险"吓人的恐吓式标题。

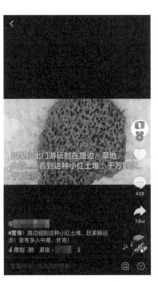

图5-7　以"险"吓人

8. 以"问"呼人

视频标题如何让粉丝感觉更亲近，最简单的方法莫过于打招呼，就如中国人见面就会问的一句话："吃了吗？"显然，以对话、发问或者直呼其名的方式往往更能吸引人，甚至一些不是你的目标人群，也会因为好奇而关注到你的作品。

如图5-8所示的短视频中，直接将两个反问作为标题。看到这两个反问之后，许多人都会想从短视频中找到问题的答案。在这种情况下，该短视频的观看率自然就变高了。

9. 以"趣"挠人

一个好的视频标题，粉丝看完视频后往往会过目不忘，这就得益于创作者所使用的语言。生动、幽默、诙谐的语言，可以让标题变得活泼俏皮，而恰当的修辞手法和谐音的效果，可以令粉丝回味无穷，甚至愿意帮你主动转发传播。

如图5-9所示的短视频的标题为："车是停了，可是库不见了"。这便是用幽默、诙谐的话语表达倒车入库水平不佳，连车库都看不见了，短视频中是如何倒车入库的呢？许多抖音用户马上就产生了看这则短视频的兴趣。

图 5-8 以"问"呼人

图 5-9 以"趣"挠人

10. 以"议"动人

建议性的标题是我们经常见到的标题，特别是在做知识分享类的账号，这样带有鼓动性的标题更为多见，但是，建议性的标题要想跳出常规，还得下一番苦功，多思考琢磨。建议大家从人们都有的逆反心理着手，你不让他干什么，粉丝偏偏都会想着干什么。

如图 5-10 所示的短视频中的标题："这五种食物不能再吃了，真的会中毒"，便属于带有强烈建议性的标题。

图 5-10　以"议"动人

11. 借助"名星"

名星的任何事情都是大众所关注的，无论是他们的工作，还是他们的生活，或是他们的兴趣等，如果你所宣传的事物或者产品能和名人靠边，借着名人的噱头，一定会吸引不少读者的眼球。淘宝上很多鸡汤类的账号就以马云的名言来借势，这就是明星效应。

如图 5-11 所示的短视频中就是将与某明星偶遇作为标题。看惯了该明星在影视剧中的形象，许多人更想了解她在现实生活中是什么样的。于是，看到这个标题之后，许多抖音用户马上就产生了兴趣。

12. 借助"网红"

在抖音，有很多大众熟知的网红，像石榴哥、毛毛姐、七舅脑爷、代古拉 K 等，他们经常有一些让大众喜欢的段子，可以加以利用来吸引大家的关注。

南宁有一个小伙子因为和明星罗志祥长得有些像而走红，成为抖音网红。如图 5-12 所示的短视频的标题，便是借助"南宁罗志祥"这个网红来吸引抖音用户的注意力的。

13. 借助"热点"

大家要学会抓住社会上的热门事件、热门新闻还有抖音的热搜，并以此为视频标题作为切入点，通过大众对热点的关注，来引导粉丝对你的视频的关注，这里的热点大到奥运会、世界杯、特朗普贸易战，小到节假日和风俗习惯等。

图 5-11　借助"明星"

图 5-12　借助"网红"

如图 5-13 所示的短视频就是结合当时的热门话题——垃圾分类，制作的一个标题，再加上结合了 rap，因此，很快就吸引了许多抖音用户。

14. 借助"流行"

抖音上每隔一段时间就会有一些流行词汇和洗脑神曲出现，像好嗨哟、生僻字等，这些都是在抖音中出现频率高的词汇，在一定程度上也能吸引粉丝的关注。

图 5-13　借助"热点"

《野狼 disco》这首歌因其动人的旋律和具有趣味性的歌词而在抖音快速走红。一时间抖音开始流行创作与该歌曲相关的内容。如图 5-14 所示的短视频中，就是借助这股流行风，把"野狼 disco"放在了标题中。

图 5-14　借助"流行"

15. 借助"文化"

借助诗词、成语典故、古汉语、谚语、歇后语、口语、行业内专业术语、军人常用语、外语和方言土语、人名地名、影视戏曲歌曲等作为视频标题，以此来提升作品的"文化涵养"，能有效吸引小众人群。

图 5-15 所示的短视频，就是将"我一个内蒙古人给你们普及十级东北话"

作为标题，借助东北话这种方言来吸引对东北话感兴趣的人。

图 5-15　借助"文化"

5.1.4　了解受欢迎内容的共性

那些备受用户欢迎的内容，它们都有很多共性。

比如：真人出镜、魔性的背景音乐、防不胜防的反转等，这些都是好内容的基本元素。在这些基本元素的背后，究竟是满足了用户什么样的需求呢？笔者认为，主要有以下五点。

(1) 增加谈资：很多人通常是想通过抖音补充生活中不常见的冷知识和最新消息。

(2) 满足快乐：现代人的生活节奏比较快，大多数人看抖音，是为了逃避负面情绪，缓解自身压力。

(3) 学习提升：很多人玩抖音就是利用碎片化时间来提升自己。

(4) 解决问题：像护肤、穿搭、考研等生活中一些常见的问题。

(5) 情感认同：比如正能量类，很多人看到一些感人的视频，不知不觉眼泪就流出来了。为什么会这样？就是因为视频的内容触动了他们心中最敏感的神经。

受欢迎的内容，总结起来其实就是六个字：共鸣、有趣、有用。如果你想让自己的作品被人喜欢，在内容上至少要满足其中一个条件，这样你才有可能获得用户关注。

5.1.5　利用道具增加你的识别度

大家还记不记得"多余和毛毛姐"的标志性道具呢？就是一头橘黄色的假发

和红色围裙。为什么"多余和毛毛姐"的作品要反复出现这些道具？说白了，其实还是为了强化自己一人分饰两角的搞笑人设，增加自己的品牌识别度。

有不少人知道蔡康永。蔡康永老师是笔者比较喜欢的艺人，因为他情商超高，不但自己出了书，还在喜马拉雅出了一套情商课。按理说，蔡康永这么出名应该不用自己辛辛苦苦地打广告了吧？

当然不是，毕竟现代社会注意力那么稀缺，蔡康永为了快速地传播，让用户记得住他，特意做了一件事，那就是在自己衣服上绣了"情商课"三个字，出席各种场合都穿着它。

因为品牌的塑造是一个长期积累的过程，不能一蹴而就。所以，明星都在刻意去传播自己的品牌，我们普通人就更要重视起来了。

道具就是一个非常好的传播元素，在短视频中，如果能固定场景或者固定服装就一定要固定起来。比如，有个叫"南方健康"的账号，主要是做健康科普知识的，为了突出自己的专业形象，主讲人每次出镜都会穿着一件白大褂。

用户看到白大褂就会联想起什么？医生对不对？而医生的形象是非常权威的，如果主讲人打扮得特别休闲或者性感，就会与内容风格不符，就会让别人下意识地觉得这个人不专业。

所以，大家在拍摄作品的时候，一定要思考怎么样结合自己的内容，加入一些可识别的道具，这些道具不一定要中规中矩，也可以反常规。

举个例子，如果你是做搞笑类账号的，为了增加识别度，你可以在脖子上挂一瓶风油精，这瓶风油精就是你的专属道具，每次你被气得晕倒就把风油精当成"速效救心丸"来"吃"。

这样，你这瓶风油精不但能加深用户对你的印象，还能成为一个槽点，激发用户的讨论和传播。只要下次抖音用户想到、用到风油精，他就会想到你，因为风油精已经成为你的一个标志。

在这里大家可以参考一个叫"无聊办公室"的抖音账号，里面有一个角色叫"铁蛋"，为了突出铁蛋蠢萌的人设，他在胸前专门挂了一个西瓜的包包，每次只要铁蛋出场就会成为粉丝吐槽的对象，而他本人也逐渐成为这个办公室的主角。

5.1.6 撩拨用户情绪，培养"死忠粉"

有很多颜值类的账号，达人们都会嘟个小嘴甚至撒个娇之类的，有没有人知道他们在干什么？他们表面上是在生气，其实是在挑逗你，让你觉得他们超级可爱，从而激发起你的保护欲望，而这种行为其实就是在撩拨你的情绪。

有个叫"酸梅"的抖音账号，拍了一个"买个西瓜嘛"的视频。这个视频的内容是，"酸梅"抱着她男朋友的腿喊着要买西瓜，整个人显得特别委屈，虽然只是对口型，但是因为她丰富的表情，让粉丝们纷纷评论她可爱，不少人都被她圈粉了。

大家可能会觉得，明明是演的，这有什么好看的？大家可能不知道，这是一个"后真相"的时代。后真相并不是以事实为依据，而是以情绪为基础的感知，所以情绪的影响力要大于真相的影响力。

用一句话来讲，就是现在的人并不关心背后的真相，只关心在当下那一刻给他本人带来的感受，就像"酸梅"是不是真的要吃西瓜，用户其实并不关心，他们只觉得"酸梅"那一刻特别可爱，大家只是看热闹而已。

就好像古代刑场砍头，没人关心这个人为什么被砍头，围观的群众只想凑个热闹，而存在就是合理。所以，大家做内容一定要想方设法激发用户的情绪，情绪能够帮助你快速地在抖音获取别人的关注和讨论。

究竟如何才能激发用户的情绪呢？

首先从选题上看，你拍的东西要与人们的生活息息相关，像什么金钱、美女、恶搞等，它都能强烈地引发别人点击和观看的欲望。然后，在内容上，要加入反常规、热点、自带情绪这三招的其中一招。

什么是反常规呢？就是别人想到的，你就不要按照这个思路拍了，要拍别人想不到的。例如，化妆反转的剧情，一般套路是女性受打击，然后变装的反差，如果你也这么做就显得很俗套。有个作品就比较有意思，她看到自己前男友来了，就立马化妆，下一秒成了一个垃圾桶，结果被前男友丢了个香蕉皮。这种效果就出其不意，激发了用户觉得好玩的情绪。

关于热点，这里就不多讲了，例如，某某明星结婚，你发一些明星背后的内容，往往能激发用户好奇的情绪。

自带情绪，这个字面意思比较好理解。就是你的内容要有你的价值观，对某件事的看法是喜欢还是讨厌，你都要真实地表露出来，这样能够激发用户共鸣或者反对的情绪。

比如有个抖音大号叫"碎嘴许美达"，主人公大表姐就是一个特别开朗的人，语言也犀利，她就经常在抖音发表自己日常的情绪，比如她对自己婚姻的看法、对孩子的教育观念等。

5.2 优质短视频的硬标准之一：静态特征

优质短视频的硬标准分为两种，即静态特征和动态特征。静态特征又分为三个方面：视频标题、视频封面和视频属性。

5.2.1　视频标题：1000 万＋的视频标题具备哪些特点

1000 万＋的视频标题具备哪些特点呢？总体分为四个特点，具体如下。

特点 1：贴近大众，有广大的"群众基础"更容易引爆。如对大众都会遇到的问题进行批判、讽刺，引发共鸣；实用性强，贴近生活，对观众有价值；有情怀，表达大众推崇的价值观。

特点 2：内容丰富饱满。

特点 3：内容＋展现的形式。例如，"虎哥说车"就通过专业的汽车知识＋真人出镜主持的形式获得了大量的粉丝。

特点 4：个性突出，形成独有的风格，提升 IP 品牌度。如集多个特点于一身、颜值高＋反差萌、有特点的声音、内容猎奇、反转剧情等。

大家设置标题的时候可以对照以上思路。如果你还是想不出来，还有一个直接有效的办法，笔者之前也和大家讲过，在刷抖音时，针对同类型的热门视频的标题，可以留意学习甚至摘抄下来，记录、复制并转化成我们自己的，也就是套用。

5.2.2　视频封面：什么样的封面才能给用户留下深刻印象

封面会给用户留下第一印象，所以好的封面也是决定用户是否停留的因素之一，那么，什么样的封面才能给用户留下深刻的印象？

在选择封面的时候，可以把内容最突出、最精美、最有代表性、最核心内容的一面以及悬疑的地方用于封面。这其中有一些套路，就是可以把当时热门的风格作为封面来留住用户，前提是你的视频内容足够精彩，否则用户会有被欺骗的感觉。

一般来说，封面相当于文章的标题，快手的封面允许有字条去概括视频大概内容，而抖音上没有这类功能。所以，在制作视频的过程中，额外插入封面的时间大概是 0.3 秒，最多 1 秒，若太长，则在你个人主页会显示跳帧。

做封面时需要注意哪些点呢？具体如下。

(1) 能发封面图的一定要发封面图，比如剧情类、实用知识类。

(2) 能做标题的一定要做标题，并通过字体、字色突出标题。

(3) 封面至少 22 帧，短了会跳屏。

(4) 背景要干净，颜色单一、有视觉冲击力。

5.2.3　视频属性：影响短视频推荐量的因素有哪些

以下几点会直接影响短视频推荐量。

(1) 视频清晰、画质清晰、构图合理，有利于推荐。

（2）不允许出现马赛克、黑边框、广告。

（3）画布大小在 9 ∶ 16，最好是竖屏，画幅不能超出抖音的画幅规定。

（4）画面要整洁干净。

特别是第二点。刚开始的时候，抖音只是会提示、警告，但是，时间久了便会把你的账号拉进小黑屋封号。

5.3 优质短视频的硬标准之二：动态特征

讲完静态特征，接下来再来讲动态特征。优质视频的动态特征标准包含点赞数、完播率、播放完成度、人均播放时长、次均播放时长、评论数、分享数、用户正负反馈。也就是说，用户对你的视频行为决定你的视频推荐量，我们要取悦观众。

我们如何取悦观众呢？主要是做好内容。什么样的内容更容易获得抖音的推荐呢？这一节，笔者将为大家提供 15 个好内容创作方向。

5.3.1 引起共鸣和认同：观念、遭遇、经历

人是有感情的动物，如果短视频中能够通过某些观念、遭遇和经历，引起抖音用户的共鸣和广泛认同，那么，抖音用户就会因为看完短视频有同感而点赞、评论，甚至进行分享。在这种情况下，短视频的相关数据自然就会比较好了。

如图 5-16 所示的短视频中，一位父亲因为有三个孩子，床上睡不下了，只好打地铺。而孩子们却把他的床当成了擦脚布排队走了过去。为了让孩子过更好的生活，父母们往往会默默承受很多。许多新生父母都经历过类似的无奈。因此，短视频中这位父亲的遭遇引起了大量抖音用户的共鸣。

图 5-16 引起共鸣和认同的短视频

5.3.2　引起好奇：谁、为什么、怎么样、哪里

人都是有好奇心的。如果能够通过短视频标题等，引发抖音用户对短视频中"讲的是谁？为什么会这样？怎样来做？事情发生在哪里？"等问题心生好奇，那么，抖音用户带着这份好奇心更愿意将短视频看下去。

如图 5-17 所示的短视频中，将"驾照不是买的吧？最后的操作亮了……"作为标题。看到这个标题之后，抖音用户不禁心生好奇。为什么要质疑驾照是买的呢？短视频中所谓的"最后的操作"，为什么说"亮了"呢？就是因为这份好奇心，许多抖音用户就会想通过短视频内容一探究竟。

图 5-17　引起用户好奇心的短视频

5.3.3　利益相关：自身相关、群体利益、地域利益

人都是趋利的。如果短视频的内容与抖音用户自身利益、所在群体的利益、所在地域的利益相关，那么，抖音用户就会想通过短视频了解如何更好地维护与自己相关的利益。

如图 5-18 所示的短视频中，主要是对坐飞机的四大内幕进行了说明。因为与自身利益相关，所以该短视频发布之后，马上就吸引了对坐飞机有一定需求的许多抖音用户。

图 5-18 利益相关的短视频

5.3.4 引起思考：人生哲理、生活感悟、心灵鸡汤

人与许多动植物的重要区别之一就在于人是有思想、会思考的。虽然抖音是一个偏娱乐性的平台，但是，一些能够引发思考的人生哲理、生活感悟和心灵鸡汤，也能成为许多抖音用户的精神食粮。如果短视频中的内容能引人深思，让人认同，抖音用户也会不吝点赞、转发。

如图 5-19 所示为"一禅小和尚"发布的两则关于人生哲理的短视频，其内容引起了许多抖音用户的思考。正是因为如此，这两则短视频的点赞量、评论量和转发量都是比较可观的。

图 5-19 引发思考的短视频

5.3.5　引发欲望：对食物、物质、美好事物的追求

虽说"无欲则刚"，但是，人非圣贤，要想真正做到无欲无求，何其困难？每个人都会有一些欲望，只是欲求的对象有所不同。如果抖音电商运营者能够通过短视频内容，引发抖音用户对于食物、物质和美好事物的追求，那么，抖音用户即使不能拥有，也会愿意通过短视频多看几眼。

如图 5-20 所示的短视频中，对红烧肉的制作方法进行了说明，看到制作完成后的红烧肉好看的品相、入口即化的模样，许多抖音用户都忍不住咽下了口水。甚至部分抖音用户为了吃到短视频中这种美味的红烧肉，还会请教短视频制作者，并根据短视频的说明烹制红烧肉。

图 5-20　引发欲望的短视频

5.3.6　探求未知：新奇的事物、景色、人物和生活

对于未知的新奇事物、景色、人物和生活，许多人都会心生探求欲。抖音电商运营者便可以对抖音用户未知的内容进行展示，满足抖音用户对未知事物的探索欲。

如图 5-21 所示的短视频中，对瑞士某地的风光进行了展示。瑞士风景美是众所周知的，但是，因为条件限制，能够亲身去瑞士的人只是少数。而通过这个短视频，抖音用户便可以很好地看到瑞士的美丽风光，满足对瑞士风光的探求欲。

图 5-21　探求未知的短视频

5.3.7　满足幻想：爱情幻想、生活憧憬

当人们对某些东西非常渴望，却又无法获得时，就很容易产生一些幻想，如对美好爱情的幻想、对美好生活的憧憬等。抖音电商运营者可以通过对抖音用户幻想的事物进行展示，吸引抖音用户的关注。

如图 5-22 所示的短视频中，通过对一对 90 多岁老夫妻的日常生活进行展示，表达了相濡以沫、白头偕老的美好爱情。抖音用户在看到这个短视频之后，在羡慕两位老人的同时，也希望自己能拥有这样的爱情，而这个短视频便很好地满足了抖音用户对于美好爱情的幻想。

图 5-22　满足幻想的短视频

5.3.8　刺激感官：听觉刺激、视觉刺激

感官是感受外界刺激的器官，人对外界的认知都来自各种感官。而在人的感官中，听觉和视觉带来的刺激往往能够直接给人造成影响，并且给人留下深刻印象。抖音电商运营者可以针对这一点，打造一些刺激听觉和视觉的内容，让抖音用户在享受感官刺激的同时，为你的短视频点赞。

如图 5-23 所示的短视频，总共只有几个画面，或者说只有几张图片，但它却获得了超过 10 万的点赞。之所以会出现这种情况，就是因为这则短视频中分享的环绕音乐，给抖音用户带来了听觉上的震撼。

图 5-23　刺激感官的短视频

5.3.9　获取价值：有用的信息、有价值的知识、有帮助的常识

部分抖音用户刷抖音是为了从中获得对自己有价值的内容。对此，抖音电商运营者可以通过分享有用的信息、有价值的知识和有帮助的常识，来吸引这些抖音用户。

如图 5-24 所示的短视频中，主要是对折衣的技巧进行展示。许多抖音用户觉得这种折衣服的方法对他们很有帮助，于是纷纷点赞。

图 5-24　获取价值的短视频

5.3.10　强烈冲突：角色身份冲突、常识认知冲突、剧情反转冲突

与常规的短视频相比，具有强烈冲突的短视频往往更容易吸引抖音用户的注意力。抖音电商运营者可以通过角色身份冲突、常识认知冲突和剧情反转冲突，打造令抖音用户意想不到的内容，让抖音用户因为惊喜而给你的短视频点赞。

图 5-25 所示的短视频中，一位男士在厨房洗碗，用唱歌来表达妻子让自己做各种家务的不满。随后，他的妻子问他在唱什么。意识到问题的严重性之后，这位男士立马转变态度，并表示希望妻子多安排家务给他做。看到这则短视频的反转剧情之后，许多抖音用户不禁开怀大笑，并为短视频的创意点赞。

图 5-25　强烈冲突的短视频

5.3.11 实时热度方向：主题热度、话题热度、人物热度

一些具有适时热度的方向，如主题热度、话题热度和人物热度，其本身就带有一定的流量。当短视频内容与这些适时热度方向相关时，抖音用户通常就会表现出一定的兴趣。

例如，2019 年正好是中华人民共和国成立 70 周年，而这一年的国庆节也因此备受关注。此时，抖音中出现了"歌唱我的祖国"的话题。许多抖音网红借助该热门话题，发布了相关的短视频内容，用以表达爱国情怀，而其发布的短视频也获得了抖音用户的广泛关注，如图 5-26 所示。

图 5-26　实时热度方向的短视频

5.3.12 新鲜度：事件新鲜、手法新鲜

再好的内容，重复观看，也会让人产生视觉疲劳。与其去模仿热门短视频，还不如用新鲜事件、新鲜手法打造具有新鲜度的内容，用新意去吸引抖音用户的目光。

在 T 台走秀中，虽然相关的服装造型各异，但是，其材质基本大同小异。而如图 5-27 所示的短视频中则是用绿色植物这种与众不同的材质来设计服装的。正是因为其新鲜的表现手法，让抖音用户在大笑之余，忍不住给短视频点赞。

图 5-27　具有新鲜度的短视频

5.3.13　观赏度：色彩度、美观度、情节流畅度

短视频的重点还在一个"视"字上，在笔者看来，这个"视"，不仅仅让抖音用户看到，还应该考虑观赏度，让抖音用户看到更具观赏度的内容。对此，抖音电商运营者在拍摄和处理短视频时，可以重点从色彩度、美观度和情节流畅度等方面，打造抖音更具观赏性的内容。

如图 5-28 所示的短视频中，每一个画面都可以当作手机墙纸来使用，整个短视频极具观赏性。因此，抖音用户看到该短视频之后，在赞叹美景之余，也会通过点赞来表达自己的喜爱之情。

图 5-28　具有观赏度的短视频

5.3.14　稀缺度：内容稀缺度、版权稀缺度、素材稀缺度

俗话说得好："物以稀为贵！"具有稀缺性的东西往往更容易让人重视。如果抖音电商运营者能够拥有稀缺的内容、版权和素材，便可以将其拍摄成短视频，以其稀缺度来获得抖音用户的关注。

蚊子咬你，你会怎么做？大部分人可能会直接选择一掌拍死，而图 5-29 所示的短视频中的做法则有很大的不同。视频中被咬者忍着疼痛，让一只鸡将蚊子直接吃掉。相信绝大多数的人都是第一次看到这种操作，也正是因为如此，这则短视频因为其自身的稀缺度在抖音快速走红，获得了将近 80 万的点赞。

图 5-29　具有稀缺度的短视频

5.3.15　精彩度：有亮点、有意义、精彩点布局

精彩度是一个短视频脱颖而出的重要因素之一。在短视频的打造过程中，抖音电商运营者可以从有亮点、有意义和精彩点布局等方面，打造具有精彩度的内容，让抖音用户为短视频内容所吸引。

如图 5-30 所示的短视频中，一位奶爸在用心照顾孩子，而他的狗狗觉得失宠了，于是咬住了他的裤子。最后，这位奶爸为了更好地照顾孩子，选择把狗狗背在了身后。整个短视频满满的亮点，让抖音用户看完之后不禁大笑。

图 5-30　具有精彩度的短视频

5.4　什么样的内容最容易火：八大热门类别

在抖音短视频平台中，什么样的内容最容易火？笔者个人认为，抖音主要有八大热门类别的内容，这一节就分别进行说明。

5.4.1　一见钟情：费启鸣、代古拉 K

因为有的短视频运营者有一定的才艺，再加上自身的颜值也比较高，所以，抖音用户第一次看到其所在账号发布的短视频内容，就一见钟情，马上在心中留下了深刻的印象。

例如，懂手指舞、会唱歌、颜值比较高的"费启鸣"；跳舞好看、身材好、长得漂亮的"代古拉 K"，其发布的短视频内容便能令人一见钟情。如图 5-31 所示为这两个抖音账号发布的一见钟情型短视频。

图 5-31　一见钟情型短视频

5.4.2　二见倾情：杜子健、碎嘴许美达

有的抖音账号运营者自身没有太高的颜值和过人的才艺，所以，乍一看上去，可能不会被马上吸引。但是，他们却能凭借自身的特色，吸引了为数众多的抖音用户。

例如，能对你的人生和情感起指引作用的"杜子建"；嘴巴喋喋不休，却又让你觉得说得有道理的"碎嘴许美达"。其发布的短视频内容就属于二见倾情的类别。如图 5-32 所示为这两个抖音号发布的短视频。

图 5-32　二见倾情型短视频

5.4.3　知识输出：商业小纸条、向波老师

如果抖音用户在看完你的短视频之后，能够获得一些知识，那么，抖音用户自然会对你发布的短视频感兴趣。

因此，"商业小纸条"这种输出性商业知识和"向波老师"这种结合世间万物将化学知识进行输出的短视频内容，很容易就吸引了大量抖音用户。如图 5-33 所示为这两个账号发布

图 5-33　知识输出型的短视频

的短视频内容。

5.4.4 普及收藏：每日好歌、手机摄影构图大全

有时专门拍摄短视频内容比较麻烦，如果抖音电商运营者能够结合自己的兴趣爱好和专业打造短视频内容，就大众比较关注的方面进行信息的普及，那么，短视频的制作就会变得容易很多。如果觉得你普及的内容具有收藏价值，抖音用户也会乐意给你的短视频点赞。

例如，"每日好歌"主要是对音乐进行普及；"手机摄影构图大全"主要是对摄影技巧进行普及。音乐和摄影都有广泛的受众，而且其分享的内容对于抖音用户也比较有价值，因此，这两个抖音号发布的短视频内容都得到了不少抖音用户的支持。如图 5-34 所示为这两个抖音号发布的短视频。

图 5-34 普及收藏型短视频

5.4.5 刺激消费：牛肉哥严选、呗呗兔 _

对于抖音电商运营者来说，运营抖音号最直接的目的就是通过抖音进行变现，赚取属于自己的一桶金。对于抖音用户来说，只要短视频中的商品对自己是有用处的，他（她）也会愿意购买。这也是抖音中部分刺激消费类短视频深受抖音用户欢迎的重要原因。

众多抖音号中，以"把价格打下来"为宗旨的"牛肉哥严选"和为粉丝提供高性价比商品的"呗呗兔 _"，在刺激消费方面做得比较好。他们不仅对商品进行了良好的展示，再加上引导性的话语，让抖音用户看到短视频之后，忍不住想要"剁手"。如图 5-35 所示为这两个抖音号发布的短视频。

图 5-35　刺激消费型短视频

5.4.6　幽默搞笑：六点半、尬演七段

幽默搞笑类的内容一直都不缺观众。许多抖音用户之所以经常刷抖音，主要就是因为抖音中有很多短视频内容能够逗人一笑。所以，那些笑点十足的短视频内容，很容易在抖音中被引爆。

例如，用剧情搞笑的"六点半"和动作滑稽、表情夸张的"尬演七段"，发布的内容多是幽默搞笑的。如图 5-36 所示为这两个抖音号发布的短视频。

图 5-36　幽默搞笑型短视频

5.4.7　萌系宠物：会说话的刘二豆、金毛蛋黄

有的宠物本身看上去就萌萌的，让人忍不住想要多看几眼。如果此时再搭配一定的剧情拍摄短视频的话，这些萌萌的宠物便会变得富有人性化，而且整个短视频内容也会变得看点十足。

例如，给猫咪配音的"会说话的刘二豆"和将与狗狗相处的日常进行展示的"金毛蛋黄"发布的短视频内容就是以萌系宠物为主的。再加上这些宠物通过视频处理之后变得极具特点，所以，其相关的短视频抖音用户往往看得津津有味。如图 5-37 所示为这两个抖音号发布的短视频。

图 5-37　萌系宠物型短视频

5.4.8　技能特长：灰姑娘的裁缝铺、坤哥玩花卉

如果抖音账号运营者自身具有一技之长，那么，结合自己的技能和特长打造短视频内容，就能很快塑造一个具有个人特色的 IP。同时，因为展示的技能和特长能够增长抖音用户的见识，或者让抖音用户觉得很赞，所以，这一类的内容往往也能够获得快速的传播。

例如，在短视频中展示衣服裁剪技能的"灰姑娘的裁缝铺"和展示养花技能的"坤哥玩花卉"，其发布的短视频就是偏技能特长的内容。如图 5-38 所示为这两个抖音号发布的短视频。

图 5-38　技能特长型短视频

5.5　持续创作高质量视频的秘密，你必须知道

对于许多抖音用户来说，打造一个高质量的短视频尚且不容易，更不用说持续创作高质量的短视频了。其实，如果抖音电商运营者掌握了下面这些秘密，持续创作高质量的视频将会变得容易许多。

5.5.1　更容易上热门的商品拍摄形式

都说抖音是内容为王，只要作品好，谁都有机会上热门。上了热门也就意味着有更多的流量推荐和销售转化。那么，短视频怎样拍更容易上热门呢？接下来笔者就介绍四种更容易上热门的商品拍摄形式。

1. 场景化拍摄

究竟什么是场景化呢？场景化就是利用大众熟悉的人和事，唤起生活中的情景。而场景化拍摄，就是通过一系列商品使用场景的展示，让用户感觉这个商品在某些场景下他（她）也能用上，从而激发对方的购买欲望。

为了让大家更好地理解什么叫场景化拍摄，下面举个例子，抖音上有个种草账号叫"好物探探"，它推荐了一款"纳米胶条"。这个纳米胶条的功能就像双面胶一样能固定东西，为了体现这个胶条的质量和性价比，它拍了五个情景式的镜头，下面分别进行拆解。

第一个镜头是在墙上粘了一块砖头，为了展示这个胶条的承重能力，又在砖头上面放了两块砖；第二个镜头是把胶条贴在副驾驶上，固定住手机在车上看剧，这个场景简直就是懒人必备；第三个镜头就是把胶条贴在桌腿上，然后把插座放在贴条上面，再插上充电器，拍摄者最后还来回晃动两下，以此来展示稳固性；第四个镜头就更具有生活场景了，将胶条贴在梳妆台的玻璃上，然后把随手要用的护肤品贴在胶条上，用的时候抬手就可以取到；最后一个镜头就是取下胶条，然后水洗晾干，这个展示是为了凸显胶条可以反复多次使用。

上面这五个镜头就是场景化拍摄，通过直接拍摄使用场景来展示这个产品有哪些价值以及在什么情况下能使用。在这里考考大家，你们知道拍摄者为什么要把叠砖的镜头放在第一个画面吗？

答案很简单，就是因为这个镜头有足够的视觉冲击力，一个胶带居然能承受三块砖的力量，这个画面会让没见过的人觉得很神奇，所以尽可能在视频前 3 秒抓人眼球，如果不能在一开始就吸引到用户，用户就很容易滑走视频。

2. 讲解式拍摄

在抖音视频中，这种拍摄形式比较常见，就是拿到产品后先了解这个产品的用途和目标人群，然后通过画外音和真人出镜的讲解形式来告诉用户，这款产品有哪些好处以及使用方法。

例如，抖音种草账号"育儿神器"，主要做的是母婴类的产品，其中有一个推"水果咬咬乐"的视频，就是用讲解式拍摄，一上来就直击用户的痛点，告诉妈妈们：婴儿在口欲期喜欢啃咬，那就用咬咬乐，既能满足婴儿的咬嚼，又能增加营养。然后，介绍这个产品的外形和使用方法，最后把草莓放入咬咬乐里直接演示一遍。

上面这段视频总共也就 20 秒的时间，却获得了 20 多万的点赞，从拍摄难度上来说，基本上是人人都能拍。通过讲解的形式，不但能解决用户的使用困惑，还能在第一时间知道好处。

另外，做讲解式拍摄，声音要尽可能好听，自己的情绪也要饱满，否则你的声音软绵绵的，一听就像没睡醒似的，用户下一秒肯定连看都不看就会快速划走。所以，讲解的时候要自带情绪，要用跟朋友聊天式的语气，不能过于生硬。大家可以参考"口红一哥"李佳琦的方式，他的夸张式推销不但不让人反感，反而会让别人觉得很有趣。

3. 仪式感拍摄

听到仪式感，肯定会有很多人比较陌生，觉得自己生活过得很糙，没有什么仪式感。其实每一个人都经历过仪式感，也都需要。

例如，过年的时候小朋友要给大人磕头拜年，而大人也会提前给小朋友准备红包，这些都属于一种仪式感。还有，现在人们的生活压力普遍很大，有的人就会在每周双休时奖励自己一顿大餐或者自己一个人晚上会喝点红酒，这些都是仪式感。所以说，仪式感与金钱无关，是一种表达内心情感和生活态度的方式。

既然仪式感这么重要，怎样融入商品拍摄中呢？很重要的一点就是，我们要给商品赋予情感的意义。举个例子，在求婚的时候，男士都是单膝跪地送给女士一颗钻戒。为什么不直接送现金呢？因为钻戒很珍贵，一生一世只能送一人，它是爱情的象征。但事实真的是如此吗？现在早就具备人工合成钻石技术了，而且现在钻石的保有量，足够每个人都能发好几个一克拉的钻石了，这只不过是商家的套路而已。

但是，真相并不重要，重要的是它是情感的表达。所以，我们在拍摄物品的时候，一定要先给这件商品赋予它背后的意义。例如，你卖的是零食，你就可以给零食赋予爱自己或者男生爱女朋友的意义，拍摄女生吃零食的幸福笑容和瞬间的放松表情，再搭配暖心的文案，这条视频瞬间就变得不一样。下面笔者就举例进行说明。

例如，有一个点赞 36 万的种草视频，画面特别简单，就是坐在阳台上玩泡泡机，和其他种草号同类型视频相比并没有太多的亮点，但它高明之处就在于，能给这个泡泡机赋予爱情的意义。

我们来看是怎么赋予的，它选的拍摄画面是：在阳台上，看着路上的行人，一个人玩泡泡机，玩得很开心。而视频中配的文案是：人家的泡泡机跟你们的不一样，这是男朋友送的礼物，我感觉能坐着看一整天。我们再看她配的标题：有时候快乐就是这么简单！

相信我讲到这里，大家对于赋予商品的意义，应该多少有一些感觉了吧！其实拍摄者本人有没有男朋友，用户并不关心。但是正是因为她赋予了商品爱情和美好的意义，大家在看到视频的那一刻，就有了入手这款商品的理由。男生买这款泡泡机的理由是：我要给我女朋友送一个，要让她快乐，这才是爱！女生买这款泡泡机的理由是：虽然我目前还单着，但是泡泡机，我还是能买得起的，为爱自己买单！

卖商品最高的境界，其实卖的并不是商品本身，而是其背后无法代替的意义。这就好像有人为了所谓的面子，花一年的工资给自己买一个 LV 包包是一样的道理。

在这里，要和大家强调一下，赋予商品背后的意义后，一定要提前写好文案，然后根据文案把自己想表达的感觉用镜头呈现出来，在后期加上应景的音乐，最后在配标题的时候直接呼吁情感，这样新鲜出炉的仪式感作品就出来了。

4. 情景剧拍摄

看字面意思都比较好理解，就是通过情景剧的形式来植入自己的商品。抖音毕竟是一个娱乐化的短视频平台，想要你的内容被更多的人看到，你可以尝试着做情景剧。通过情景剧的形式，可以把产品的功效植入剧情里面，利用剧情冲突引发笑点，让用户参与到作品的讨论中，从而吸引更多的用户购买你的产品。

在这里，我向大家推荐一个比较好的剧情类种草账号，叫"郝凡"。它的每一个作品都是在打广告，但是，它的广告不但不让人反感，反而因为剧情的反转以及丰富夸张的表演，俘获了一大票忠实粉丝。评论区经常有人说：他们来，就是专门来看广告的。"郝凡"有一个作品给笔者留下的印象比较深刻，在这里讲一下剧情。

郝凡拉着他女朋友踩路边丢弃的牛奶纸盒包，前两次踩完后因为有水溅到脸上，把他女朋友脸上的底妆都弄花了。直到最后一次，郝凡踩饮水桶，由于他女朋友提前用了一款防水的控油粉饼，虽然溅在脸上的水多了，脸上的妆容却一点儿都没花。就这个剧情视频一共获得了 50 多万点赞，带来了几万份的实际销量。

之所以能卖这么多份，除了上热门有足够多的推荐播放量外，最关键的是，这个作品通过夸张的表达手法，把这款粉饼的防水和控油功效完美地展现出来。当然，这都是郝凡背后的团队在运作。那咱们普通人，就不用那么复杂，大家可以在网上找一些能和产品搭配上的热门创意和素材，直接拿来用就行。

例如，波妞和中介的动漫视频火了之后，有个叫"鬼 V- 波妞"的账号就把这个创意拿过来真人模仿，因为画面实在是不堪入目，把原视频都毁了，所以就被大量用户吐槽女主像一条鲸鱼。但是，拍摄者他们却通过这种刻意的反常规拍摄，最后火了，而且在剧情中还软植入了他们自己卖的眼镜。当然，也不能什么热门创意都拿来用，要和自己的产品能联系上，同时还要掌握好剧情和产品之间的平衡。

5.5.2 前期拍摄这些内容最容易下手

很多刚玩抖音的朋友，在前期完全不知道该如何入手，也不知道到底该拍什么。接下来就来和大家聊聊，前期拍抖音容易下手的几类内容。

1. 颜值类

我们经常在网上看到有很多好看的小哥哥和小姐姐，不管他们干什么都有人给他们点赞。可能你会说：我对自己的颜值不够自信怎么办？

这个世界上没有丑人，只有懒人，大多数人长相其实都跟你一样普通，你在抖音看到那些好看的人全是化妆后开了美颜和滤镜的人，只要你会化妆，再结合抖音强大的美颜功能，你也能在抖音上成为一个好看的人。然后在热门找一些符合你人设的内容，直接拿来加以创新后就能成为你自己的作品。

2. 新奇类

我们经常在抖音上刷到一些新奇的内容，大呼厉害。而这些新奇内容，操作和学习难度其实并不算大。例如，像生活中的小神器、日常产品的隐藏功能或小技巧，还有一些不为人知的小秘密等，其实大多数新奇类内容，你都可以在网上找到，只需要加工整理就行。

3. 经验类

如果在某一领域你比一般人专业，就可以在抖音上分享你的经验，例如，手工、花艺、美食制作以及一些别人不知道的生活小常识、你的故事或者认知都可以。

4. 萌宠类

如果你自己实在不愿意真人出镜，家里恰巧养着小动物，那你就拍你家宠物的日常。笔者看过一个账号，账号运营者家中有只小猫，她每天给猫咪喂不同口味的食物，然后拍下来上传到抖音，就这样她拥有了 80 多万垂直粉丝。现在这个账号还开通了猫粮店铺，每天销售额就有好几千元。

5. 晒娃类

有很多宝妈在家里没事干，就可以记录你和孩子的日常生活，把孩子可爱和卖萌的一面展现出来。

6. 才艺类

如果你有才艺，这个就比较简单了，可以跟热门，展示自己的才艺。

7. 搞笑类

搞笑类短视频的拍摄方法不尽相同，抖音电商运营者可以在网上找一些段子，或者直接翻拍热门榜单的段子，通过自黑的方式来展现自己的性格特征。

8. 尬舞类

这种尬舞不需要你有专业的舞蹈底子，只要你自己能玩起来就行。抖音目前什么样的舞蹈比较火，你以笨拙的方式演绎出来，就能做一个灵魂舞者。

9. 记录类

记录自己的真实生活，例如，抖音有一个案例，有一个小哥哥每天记录自己把钢铁磨成针的视频，就是凭借这个系列的短视频，他拥有了 20 多万粉丝。

听上去你可能觉得有点荒谬，但是只要你能认准一件事，然后每天记录，时间长了，就一定会获得别人的关注。这背后展现的其实是一种坚持的精神，会让人感到敬佩，同时也会有更多人承担起监督你的角色。

如果你前期实在不知道自己到底该拍什么内容，你可以根据你自身情况从上面这九大类内容中进行选择，其中一定有适合你的内容呈现方式。

5.5.3 一个优质作品必须具备这些条件

众所周知，抖音运营的核心就是视频内容，接下来，介绍优质的内容要具备的条件。

（1）选题的稀缺性。这里的选题指的是拍什么方向的内容，你的选题越稀缺，就越容易受到粉丝的关注。如果你没有团队，可以让你身边的朋友对每期内容的选题进行投票，看他们对哪一类选题更感兴趣。

（2）剧本的可看性。敲定选题后，你就要开始进行剧本打磨了，在创作剧本的过程中，你要思考怎么样让你的内容变得有用和有趣，你的价值点越多，就越能吸引粉丝。

（3）人物的表现力。再好的剧本，只要真人出镜就一定要重视自己的表现力，也只有这样，你才能把粉丝带进你的剧本里。

（4）超高清的画质。有的人拍的作品清晰度和亮度都不够，现在的粉丝对于视频的清晰度容忍度特别低，如果作品的画质效果比较差，粉丝就很容易划走。没有 5D 相机的朋友，可以用像素比较高的苹果手机或者小米手机拍。另外，在拍的时候一定要注意光线亮度，不能让别人感觉画面很昏暗。

（5）毫无违和的后期。优质的内容仅靠前期的策划和拍摄还不够，还要具备导演思维，将作品通过后期的方式完美地呈现出来。这里的后期剪辑，不一定非得专门去学，而是你要知道，如何将你想表达的内容通过后期表达出来。如果对后期一窍不通，给大家推荐两款小白就能上手的软件，一个是快剪辑，另一个是小影。里面都是现成的模板，很多都是可以直接套用的。

以上五点，如果你把每一点都用心做好了，视频不可能不受欢迎。说了这么多，笔者想跟大家再多说一点，笔者所讲的知识点都是经过验证的，如果你不去实操，是很难拍出受欢迎的视频的。

5.5.4 善于收集信息才能持续更新作品

前面的课程已经讲了人设，也讲了与创作相关的知识点，但是还是有很多人反馈说自己拍了上条，都不知道下条该拍什么。这是为什么呢？说到底，还是你没有掌握持续创新的方法。所有的创新其实都是在现有的基础上进行优化和改编，只要你在合适的渠道找到合适的信息，就会有源源不断的素材供你参考。

究竟要如何做呢？在这里笔者给大家提供五大渠道，只要按照笔者提供的思路去找与你的人设相关的信息，你就再也不用担心自己要拍什么的问题。

（1）短视频平台。像快手、抖音、微视、火山小视频、美拍和秒拍等这些短视频平台，有很多与你相关的同类型作品，你通过搜索关键词的方法，关注这些平台与你相关的作者。关注的目的，就是向优秀的同行学习，把他们已经验证成功的思路和创意直接拿过来加以修改使用。

（2）新闻资讯平台。如果抖音账号需要收集一些相关的时事热点或者其他的内容，就可以关注今日头条、一点咨询、腾讯新闻、搜狐新闻等平台，这些平台目前是中国信息量比较大的门户网站。

（3）新浪微博平台。如果你做明星、情感、鸡汤、动漫、段子等内容，就可以在微博搜索相应的关键词，关注你感兴趣的博主，找在各个领域的意见领袖，他们的内容都是经过精心策划的，很多都是直接可以拿来就用的。

（4）微信公众号。微信经过多年的沉淀，储备各个垂直领域的干货文章，特别适合那些做护肤、养生、减肥等知识分享的人，里面有很多你想要的小常识。在这里，可以教大家一个技巧，用电脑搜狗浏览器单击"微信"选项，输入关键词就可以找到你想要的微信文章，真的超级方便。

（5）各类垂直网站和 App。如果你的目标用户是做特别小众的垂直人群，你就可以上对应的贴吧去找相关的信息。还有，一些行业靠前垂直类的软件，例如，你是做女性保养的，你就可以下载"美柚"这样的 App；如果你是做健身类的，你就可以下载"Keep"等 App；如果你是做海淘的，你就可以下载"小红书"App。

之所以让大家在各自的领域找垂直类 App，其根本原因就是，里面都是你非常精准的用户群，他们所讨论的话题以及关心的点，都可以作为你下一次内容创作的素材和选题。

至此，你是不是再也不用担心去哪儿收集信息了？大家可以根据笔者提到的五大渠道，结合你的人设和定位，去收集信息，并拍摄相关的短视频。

5.5.5　洞察力：让创作过程更高效

爆款内容之所以能够火爆，是因为内容本身符合了一定的规律，满足了用户内心潜意识的需求。所以创作者在工作中，最好养成一定的工作习惯和流程，让创作过程更加高效。

首先是"头脑风暴"。头脑风暴的过程要做"延时判断"——参会人发言表达时，不要立刻评论或否定。这样会极大地打击大家的积极性。对创意进行加工，"二次创新"更好——不要在会议中听到一个好点子就立刻停止会议，应该多产生点子，同时在这些优质创意上尝试做化学融合，也许有更好的创意产生。

其次，可以进行"用户测试"，参照咪蒙每次写文章的方式，尤其是主题和标题的打磨。"发现一个洞察，先写 1 万字的调查报告，与用户多轮采访和互动式协作，50 个主题里选 1 个，100 个标题在群内投票产生。"一个人的洞察经常是片面的，做用户喜爱的内容，就要多与用户交流，做好用户测试，也许内容会更受大家喜爱。

5.5.6 短视频的这几个雷区千万不要碰

玩抖音，大家一定要想方设法避免一些常见的雷区，一旦踩到雷，轻则前功尽弃，重则会对自己失去信心。究竟有哪些雷区呢？接下来就给大家一一介绍，看你有没有踩过这些雷。

雷区一：频繁地修改抖音个人资料。

很多朋友，刚开始做抖音时没想好自己要拍什么，对自己的抖音号也从来没有规划。一上来就把自己的头像、昵称、签名等基本信息先填了，后面发现不合适就反复修改自己的信息。

先不说你这样操作容易让抖音误判你是营销号，单说你反复改也加大了抖音审核人员的工作量。切记，个人资料一旦定好了，就不要随意修改，否则，不但容易被抖音降权，而且也不利于你在粉丝心中留下印象。

雷区二：想要上热门就得勤发作品。

"多拍，多发，总有一个会火！"有这种想法的人不在少数，看到别人随便蹭个热点突然火了，就认为上热门要凭运气。笔者在第 4 章中讲了抖音的推荐逻辑，作为算法驱动的平台，抖音和其他社交平台有些不一样。

这就意味着，在内容上要有目的地运营和强化"人设标签"的重要性，你要做的绝对不是依靠拍摄视频的勤奋来弥补"战略上的失误"。在蹭热点的同时，一定要符合你的人设和内容方向。

另外，笔者要跟刚玩抖音的朋友说一下，如果你刚注册抖音没多久，还没有开始正式发作品，一定要重视前五个作品的质量，宁可拍得慢一点，也不要瞎拍。因为抖音根据你前面作品的优质程度，会给你的账号进行评级。如果你的作品互动数据不好，即使你拍得再多，也会逐渐变成低权重的账号，而且很难再获得抖音的信任。

雷区三：拍抖音一定要用专业设备。

很多冲进抖音赛道的玩家，一旦遭遇瓶颈，会苦于自己没有专业设备，然后就轻易地选择放弃。他们并不愿意承认，其实大多数抖音爆款，都是用手机拍出来的。

从 15 秒到 60 秒，抖音玩法刷新了我们对"短视频"的认知，也在无形中降低了用户的操作难度。一个视频是否高清，并不能决定你的作品能不能火，粉丝更在意的是你这个作品对他能产生什么价值。所以，拍抖音真的不用在意你使用什么设备拍摄，而是你对这件事的用心程度。

雷区四：拍抖音我一定要先赚钱。

可能有人听到这句话，就要开始反驳了。我拍抖音的目的就是奔着赚钱来的，不然浪费那么多时间，我图什么呢？是的，做任何事情我们都是图利，但是你有没有想过，你玩抖音，如果一上来就想赚钱，会发生什么事情吗？

首先你会把过多的焦点是放在变现上，而不是如何涨粉。其次，抖音目前在严厉打击营销账号，上来就做广告只要被检测到，抖音一定会给你降权。最后，在短时间内，如果你在抖音上赚不到钱，特别容易放弃。

所以，大家玩抖音，尤其是刚开始时一定要摆正心态，任何事情你都要有一个播种期，不能还没开始就想着收割。把重心放在怎么给用户提供价值和涨粉上，自然而然就会有更多的变现机会找到你。

第6章

抖音电商：抖音成为电商流量的新宠

学前提示

对于抖音电商运营者来说，抖音的运营可谓至关重要。只有做好了运营，吸引了更多精准的消费者，才有可能挖掘更多"钱力"。

那么，抖音要如何运营呢？本章将通过抖音推广运营策略的解析，帮助大家更好地玩转抖音运营。

要点展示

- 利用最少配置，搭建高战斗力的团队
- 想流水线作业，少不了标准化的流程图
- 玩转抖音运营，你需要先掌握这些技巧

6.1 利用最少配置，搭建高战斗力的团队

如何利用最少配置，搭建高战斗力的团队？笔者认为，需要重点做好两点：一是团队配置和分工；二是团队招募和管理。

6.1.1 团队配置和分工

先来看第一点，许多人问：做一个成功的抖音号到底需要多少人呢？纵观抖音号的运营情况，可以看出，有单枪匹马、一人身兼数职的，也有十几个人的团队合力打造一个抖音号的。

例如，搞笑类的抖音账号 @ 戏精牡丹，团队共 4 人，凭借博主赵泓的 57 个短片的精彩演绎，一会儿是唠叨妈妈"张嬢嬢"，一会儿是娇嗔女儿"赵凯丽"，在 10 个月内累计获赞 365 万，拿下 80 万粉丝。

又如，美食账号"办公室小野"，在账号启动初期，团队成员也只有两个人，刚开始，公司也没人支持他们，两个人就用一部 iPhone7P，外加一台 3000 多元的电脑。如今这个 IP 已经发展到全网拥有 2000 多万粉丝，分发到了 200 多家视频平台，团队规模扩充到 8 人，包含创意、摄像、剪辑、采购、运营等。

团队配置精巧其实是大多数短视频创作团队的一个特征，像"papi 酱"这样的头号博主，他们的团队成员也不超过 5 个人。

通常来讲，不管有几个人，都需要有以下岗位配置。

(1) 负责创意、策划、编导的统筹导演。

(2) 拍摄和剪辑的人员。

(3) 运营分析的人员。

统筹导演其实就是想点子并且将它落地的人，从账号的战略性定位到每个作品的内容策划，他都要参与其中，把控最终的效果。这个人必须对短视频有自己的了解，最好对某一垂直领域有深入的研究，明白用户的期待和痛点、痒点。有基本的影视剧本创作理论知识和经验，能驾驭爆款短视频的几大风格，并且能带领团队落地执行。

拍摄／剪辑人员，也要有导演的思维，能够用影像将剧本和人物表达到位，很多时候，好的拍摄和剪辑能起到画龙点睛的效果。一个好的拍摄剪辑人员，不仅仅要精通 PR、AF 等软件，会使用单反、智能摄像机、运动摄像机等专业设备，更重要的一点是，要具备镜头感和音乐感。

抖音是音乐短视频平台，音乐对视频作品来说意义非凡，许多火爆的短视频作品，就是得益于音效和音乐的衬托。对于剧情类的视频来说，故事线很重要，但是对于非段子型短片，音乐往往能起到故事线的作用，能铺垫情节、点燃爆点。在剪辑制作流程中，相关人员要有一定的音乐审美，让音乐服务于视频的主题，

而不是只在爆款音乐素材库中打转。

运营人员首先要了解抖音的规则和战略变化，关注短视频的行业动态，能及时把握抖音及全网热点，捕捉及引导用户行为，要具备全局思维，并且熟悉掌握抖音的商业化变现方式。

总之，在短视频创作的几大要素之中，创意第一，演员第二，运营第三，设备和场地往往排在最后。大家要注意合理调配资源，如果你全都要用最先进、最好的设备，肯定是一笔不小的支出，很多视频仅仅用一个 iPhone X 就可以搞定。关于场地，笔者的建议是一切从简，能租的尽量租，能置换资源的尽量置换，尽可能地降低制作成本。

6.1.2　团队招募和管理

前面讲到了短视频创作团队的配置和成本问题，可能有人就会问了：我上哪儿去找这些团队成员呢？现在有很多新媒体运营转型做抖音运营的团队，你可以通过像 BOSS 直聘这样的互联网网站招聘相关的团队，当然你也可以去抖音交流社群里找合适的人员。

无论你找什么样的人员，最终都取决于你抖音账号的类型，如果你做的是家庭类的账号，那么毫无疑问，可以考虑让你的家人作为你的出镜演员。另外，制作剪辑类的技术性工作，你是可以外包的，目前市面上的剪辑人才不少，基本上能满足大多数人的需求。

总体而言，一个账号前期投入两个人即可，一个人负责策划拍摄，另一个人负责运营；或者一个人负责创意，另一个人负责整个作品的制作和上架。

对于团队的管理，笔者有以下建议。

1. 保持团队的学习力

短视频是新媒体的一种表现形式，时代的加速发展才将这种短、平、快的形式推送到人们面前，除了学习基本的运营操作方法外，作为短视频创作中的一员，也要时刻关注行业的动向，时刻准备调整战略以适应平台和市场的发展。尤其当一些账号积累了一定成绩的时候，很难从过往经验中脱离出来。所以，学习就是要保持空杯心态，不因过往而设限自己。

2. 制定远大的团队目标

不管是个人创作者，还是为企业代言的创作者，都应该对抖音怀有不同的期待，有着不同的动机。不管是出于对短期利益的考虑，还是一时的热情，你想要带好一个创作团队，肯定需要有一个远大的目标做支撑，能站在整个行业发展的位置上考虑。说得更高点，要站在整个社会历史发展的角度考虑，只有这样，才能做到对自己团队的发展心中有数。就拿抖音老大张一鸣来说，好几款产品的发展节点他都判断成功，这里面一定是有因可循的。

6.2 想流水线作业，少不了标准化的流程图

过去，许多传统综艺节目更新频率，基本都是一周一更，甚至两周一更。而反观现在的短视频，讲究的就是短平快，为了提高粉丝黏度，抖音运营者很少会吊用户的胃口，大部分的账号基本都能做到一日一更。

创作者本人也可以快速得到用户的反馈，使得作品能够快速迭代，专业的短视频制作机构，更偏向于采用偏工业化的流程去生产内容，每个环节有专业的人负责专业的事情，整个流程比较顺畅，生产成本和生产时间也会比较低。

如果没有设计合理的工作流程，就可能会耗费更多的时间，许多学员刚开始做抖音，仅整理剧本就会耗费一天，拿起相机或者手机没有明确的拍摄思路，最后拍摄的素材杂乱无章，后期处理起来更是毫无头绪。所以，要想持续生产内容，就必须有标准化的生产流程图。

大部分团队成员的工作习惯和流程不尽相同，但是短视频生产，基本上有这么几个共同的步骤，这一节一起来看一下。

6.2.1 第一步，策划视频内容

每一个短视频选取一些什么样的有价值的题材主题、风格的设定、内容环节的设计、视频时长的把控、脚本的编写这些都是需要在视频拍摄前期策划好。同时，这也是视频创作中最核心、最重要的一环，它往往决定着整个视频的方向和灵魂。该环节主要由编剧和其他一些相关的人员一起参与完成。

6.2.2 第二步，写分镜头脚本

分镜头脚本是作品的视频化展现，一般包括：镜号、景别、镜头运动、场景、画面内容、台词、画面效果和时长等。

有时候，创作和拍摄人员不是同一位，面对密密麻麻的分镜表，一定要先提前让拍摄人员了解到拍摄的重点和难点问题。

6.2.3 第三步，准备拍摄清单

一份完整的拍摄清单会提高整个拍摄工作的效率，拍摄清单可以这么设置：编号、完成情况、具体描述、拍摄时间、拍摄地点、景别、镜头运动、拍摄角度、参与人物、使用设备、使用镜头、道具等。

拍摄时带上清单，每完成一项就在表上做标记，把同场景的拍摄工作合并，

这样整个拍摄工作就会变得有条理。

6.2.4　第四步，物料道具准备

完成了拍摄清单的准备工作，就可以开始准备物料了。在什么地方用什么场景或者表演道具，都需要提前安排好，并且预估好拍摄时间，控制好时间成本。

6.2.5　第五步，根据剧本拍摄

一个成熟的剧本是拍摄的开端，不过在实际的短视频创作过程中，拍摄期间往往会对剧本进行创意性的改变，甚至根据拍摄效果和灵感，颠覆整个情节设置。这些都是正常的情况。

6.2.6　第六步，素材资料整理

关于素材整理，一个原则就是重视文件的命名工作。如果是图片，拍摄时就编辑好图片的文件信息，如果是视频，开拍前可以说明是拍摄清单中的第几段什么拍摄内容第几遍拍摄，这样后期导出电脑时就比较容易做区分整理。

文件存放电脑的时候，建议分五个文件夹类别，比如一个文件夹放拍摄内容，一个文件夹放素材，一个文件夹放视频包装材料，一个文件夹放配音，一个文件夹放输出的各种版本。

6.2.7　第七步，视频后期剪辑

剪辑工作在视频创作过程中起到非常重要的作用，剪辑是为了呈现作品的主旨思想，所以需要多与创作人员沟通，并且在剪辑之前可以把自己想要的表达效果告知建立人员，方便提高剪辑效率。不过，抖音大部分作品的拍摄剪辑相对比较简单，有时单靠剪辑就能做出让人眼前一亮的作品。

6.2.8　第八步，视频调整打磨

一个作品被制作完成后，需要在小范围内进行测试，给身边的朋友或者社群中的粉丝提前预览一遍，根据观看者的直观反应和实际反馈，进行视觉上的调整和再次打磨。切记，用户的反馈是相当重要的。

6.2.9　第九步，视频上架运营

经历过调整后，作品就可以进入发布上架的流程，上架后需要运营人员重度参与，做好引导评论、带一波节奏以及有粉丝留言要做好回复工作等。还有，要根据用户的反馈数据，做好相应的记录，便于下一次作品更好地提升。

总体来说，一个视频从最初的创意到后期制作上架，至少需要大半天的时间，要想在抖音上揽获用户，需要持续更新，吸引用户的注意力，不管是日更，还是一周三更，都要做到制作效率和视频质量的平衡。

这一节讲了拍摄抖音短视频的完整的工作流程，按照这九个步骤，基本上就能完成一个简单的短视频制作。只需要一部手机、一个人就能开始你的抖音短视频之旅。这也是抖音短视频制作的优点之一。

如果你有成熟的团队，也可以在这个框架中不断地进行优化和调整，目的只有一个，那就是如何快速地做出好的作品，并且让抖音用户主动传播。

6.3　玩转抖音运营，你需要先掌握这些技巧

如果你想玩转抖音运营，那么，掌握一些运营技巧是很有必要的。这一节笔者重点对抖音的一些运营技巧进行解读。

6.3.1　什么样的品牌适合玩抖音

经常有很多传统的品牌企业主向我抱怨，现在的生意不好做，获客成本也越来越高，不知道如何转型。

为什么会出现这种情况呢？主要是因为用户获取信息的渠道正在转移。在互联网不发达的时候，大家想把自己的商品推出去，在线下发传单，或者在当地电视媒体投放广告就即可。后来有了百度，大家又开始在网上宣传自己的产品，有钱的商家就在搜索网站上投放广告。

那个时候用户相对集中，各个行业竞争力小，各行各业的信息也不透明，所以赚钱比较轻松。

现在房租和人力成本上升了，随着互联网的发展，信息越来越透明，竞争对手也越来越多。最关键的问题是，现在的用户相对比较分散，大家购买产品更倾向于朋友推荐和被品牌背后的文化所吸引。

而抖音作为新一代年轻人聚集的平台，也让部分商家嗅到了商机。许多商家开始通过抖音来曝光自己的品牌，并为自己的产品进行引流。究竟什么样的品牌适合玩抖音呢？笔者认为，主要有以下五类。

1. 高频、场景化的产品

这里的高频指的是人们生活中处处可见，经常需要的产品。而场景化指的是你的产品或者服务能够把大家带入熟悉的场景中，并且引发强烈的感触。

例如，餐饮和旅游行业，它们就有天然的曝光优势，线下的场景更容易制作内容，像"答案茶""海底捞抖音吃法""山西摔碗酒"等，粉丝特别容易被这样的内容所吸引。具备同样特性的还有婚庆行业，通过酷炫的场景照片和婚礼中

发生的趣事，也能吸引粉丝眼球。

笔者之前关注过一个婚庆公司的司仪，他主持的婚礼特别有趣，把婚礼搞得就像相声专场，不但能感染婚礼现场的气氛，而且很多粉丝都在评论区留言自己结婚时要找他做司仪。

2. 自带科普属性的产品

这个比较容易理解，简单来说就是你的内容能够让用户学到东西。也就是产品即是内容，其实大多数产品背后都有大量的知识和技巧，我们要从消费者的需求出发，告诉对方一些不知道的内容，以此来切中用户的认知盲区。

只有从内容层面让用户信服，才能树立你的专业形象，而卖货也就是顺带的事。比如，化妆品类的产品，你就可以向粉丝分享护肤的小常识和如何挑选适合自己的产品。如果用户觉得你说的对，他（她）自然而然就会愿意花钱购买你的产品。

3. 具有创意和新奇的产品

针对产品的卖点，要刻意放大产品的价值，有创意且新奇的内容在抖音上的传播力是相当惊人的。比如有一家玩具店老板，每天都让自己的员工挑一些好玩的玩具在抖音上展示。因为有些玩具是用户没见过的，当视频将玩具的新意和有趣的一面展现出来的时候，自然而然就能获取一大波客户。

4. 品牌领导人自身优势

如果自家的产品找不到可以曝光和展示的点，就从自身入手。通过展示个人形象以此让粉丝认知企业、认知产品，在这里可以通过分享生活、工作动态、个人金句等形式来打造自身的人格魅力。你将这种影响力复制到抖音上，让粉丝喜欢你的同时，也认可你推的产品。

例如，抖音上有一个"正善牛肉哥"，他最初就是通过教大家如何识别好牛排，到如何煎牛排、吃牛排，再到分享自己日常生活和价值观来吸引粉丝的，他这样做的目的也正是在塑造自己的人格魅力。

5. 拥有企业文化的品牌

如果在产品上实在找不到任何展示的优势，作为企业负责人也不想真人出镜，且企业的氛围比较好，有自己的企业文化，就可以把公司里真实发生的事拍成一系列的段子，来展示企业文化和员工之间的趣事。笔者之前在抖音上刷到一个做茶的连锁店，走的就是情感路线，吸引了十几万粉丝。现在通过抖音招商，每天都有不少代理上门咨询。

以上五点，如果你的品牌满足其中一个条件，就可以运营自己的企业号。另外，品牌在运营方向上一定要慎重考虑，既要考虑内容的受欢迎程度，也要考虑后续生产内容的可持续性，而且要尽可能保证风格统一，让粉丝对品牌形成统一的印象。

最后，要想在抖音上做到有效的营销，请投入必要的人力和财力，如果只是试着玩一玩，你可能很难实现自己想要的结果。

6.3.2 抖音的常用工具

很多朋友刚玩抖音，对抖音的辅助工具是一概不知。对此，笔者专门从网上收集了全套的辅助工具，以此来帮助大家快速上热门。

先来介绍一下抖音数据分析工具：一个是卡思数据，里面有包含抖音在内的各大短视频平台的热门榜单，这个工具主要是可以让你收集抖音目前最火的达人，还有一个是抖音 KOL 数据网红排行榜，这个主要是抖音第三方监测小程序，你可以看到最新的热门视频和新晋达人。

视频拍摄工具：美颜相机、无他相机、今日水印相机（当然也可以用抖音自带的拍摄工具，不过为了方便后期剪辑，还是建议大家用笔者推荐的这三个工具）。

音频录制工具：很多时候，我们都需要录制并且剪辑音频作为画外音，笔者向大家推荐快影、荔枝 FM、美册这三款软件。

视频素材平台：很多时候，大家需要一些电影片段作为抖音作品中的素材，向大家推荐 80s，里面有海量影视资源可供免费下载。

视频录屏工具：很多人想真人出镜，觉得用手机录不方便，就可以下载 KK 录相机和录屏大师，这两个软件支持 1080P 分辨率的无损录制。

视频处理工具：快剪辑、爱剪辑和印象都适合小白使用，专业的剪辑工具推荐 PR（但是需要用电脑操作，比较复杂）、VUE（拍摄分段视频的绝佳工具，很多人做抖音特效时就用它）。

片头工具：乐秀、万兴神箭手（里面有强大的资源库，可以为你的视频提供更多的美感和创意，大家可以在电脑 PC 端操作，比较简单）。

变声 App：如果你的音频需要进行特殊处理，可以使用配音变声器。

去水印 App：水印宝、InShot（两个工具功能强大，直接帮你添加和去除水印，还有自由剪裁等功能）。

配乐库：大家可以搜抖音热门音乐排行榜。

图片设计平台如下。

(1) 创客贴：可以做 PPT 和视频的图片，里面的模板多种多样，特别推荐小白使用。

(2) fotor 懒设计：可以在线印刷，手机扫码作图。

三个高清优质无版权图库如下。

(1) 拍信。推荐关键词：高品质创意内容共享平台，用它的免费图库就足够。

(2) 别样网。推荐关键词：国内较大的无版权高清图片网站。

(3) Foodiesfeed。推荐关键词：提供专业美食相关的免费图库，做美食账号的人可以关注。

其他助力工具如下。

迷说：一款可以模拟微信聊天的工具，抖音上很多有趣的对话，都是借助它录制的。

趣推：上千个抖音热门模板，你只需要把里面的文字、头像、图片修改一下，就能生成一个酷炫的视频。

哔哩哔哩：它是国内知名的视频弹幕网站。

6.3.3 提高抖音号曝光率的操作

很多人都希望自己的抖音号获得较高的曝光率，除了内容本身优质以外，还有哪些能提高曝光率的操作小技巧呢？接下来笔者就给大家提供六个可以快速曝光抖音短视频的小技巧。

1. 取昵称要方便被搜索

不少人都用过百度，我们一般找消息会在百度搜索栏输入关键词，然后点击"百度一下"按钮就会跳出很多与关键词相关的信息。其实你所看到的网页都是被优化过的，百度会根据用户的搜索习惯进行搜索优化。

而抖音的搜索框同样如此，你的名字所包含的词搜索的频次越高，就会有更多曝光的机会。所以，大家再取抖音名字的时候，要根据你的目标用户的搜索习惯来取。总之，你的抖音名字越容易被人搜到，你的抖音账号曝光的概率就会越大。

2. 抖音同步手机通讯录

抖音有一个查看通讯录好友的功能，当你发布作品的时候，抖音会先推荐给你认识的人，这样能帮助你快速冷启动。所以，大家一定要记得绑定自己真实的手机号，而且通讯录里的人越多越好，这样方便在前期通过互相关注能自动涨一波熟人粉丝。

3. 主动申请抖音官方认证

为什么要让大家申请官方认证呢？主要是认证的账号能提高你的搜索权重，哪怕你的粉丝不多，你也能出现在最靠前的位置曝光。

所以，有条件的朋友要第一时间认证，还不知道在哪里认证的朋友，可以在设置里找到账号安全，抖音提供了两种认证方式。第一种方式比较苛刻，需要至少有1万粉丝量才可以。第二种方式，只要你有营业执照就可以进行企业认证，只需给抖音600元"官费"就可以。

4. 作品标题里要含关键词

这里的关键词指的是你的目标人群相应的关键词，例如，你做的是创业内容，那你的标题就应该带着"创业"这样的大众词，让抖音知道你这条内容是给谁看的，方便其给你推送精准的粉丝人群，这样你的作品才会被更多的目标人群看到。

5. 冷启动初期要做好引导

作品刚发布出来，你要第一时间安排身边的人进行点赞和评论引导，以便于后面的粉丝跟风以及扩大你这个作品的互动率，从而得到抖音的更多推荐。大家也可以加入一些互赞群，让群内成员提高你的点赞率。

6. 关注搜索栏的大家还在搜

搜索栏有一个"大家还在搜"的功能，不细心的朋友可能注意不到。这个功能相当于百度的联想功能，等于间接地告诉你，这些人都关心其他哪些内容。大家一定要经常关注，因为这个功能是根据搜索的次数进行推荐的，这也意味着你能第一时间知道大家最新的喜好和动向。你在做内容的时候，也知道什么样的内容最容易获得关注和曝光了。

以上六个提高抖音曝光率的技巧，你都学会了吗？给大家留个作业，按照上面这些技巧，把你的抖音号进行下一步的优化。

6.3.4 预防被抖音关小黑屋的方法

每个人都想让更多的人看到自己的作品。很多朋友不了解抖音的规则，一上来就发带有广告的视频。

可是抖音又怎么可能容忍广告肆意横行呢？所有的抖音用户上传的视频都是经过层层审核的，一旦你多次违反社区规定，就会被关小黑屋，这里的小黑屋指的是你的作品再也得不到抖音的推荐。那么，具体要如何预防被抖音关小黑屋呢？你一定要注意以下几点。

1. 禁止出现营销和广告信息

不能在个人信息和视频中留有任何联系方式和明显的招揽信息，一旦被抖音监控到，就会被限制流量。哪怕是你无意中将品牌标志、快递单和外卖订单等出现在视频中，只要明显地看得见或者听得见，都有可能会被判定为营销内容。

2．不要频繁操作和修改信息

如果你频繁地给用户私信发微信号，或者在评论下频繁地留微信号，频繁搜索等都有可能被抖音识别，然后限制你的使用。也不要经常更换自己的个人信息，笔者在前面的内容中也提到过这一点。

3．不能搬运其他平台作品

为了鼓励原创和保持抖音社区生态平衡，抖音严厉打击搬运的作品，所以你所上传的视频必须是原创。另外，因为每个手机拍摄的作品都有自己专属的 ID，它就像你的身份证一样是不可窜改的，哪怕是去掉别人作品中的水印，但是 ID 你是去不掉的。

在这里告诉大家，要尽可能用你玩抖音的本手机拍摄作品，不要用另外一部手机拍摄，拍摄完后再用你这部手机上传。如果不是玩抖音的手机拍摄的，哪怕是你自己拍的，也容易被抖音误判为搬运。

4．不要含有其他平台的水印

很多朋友都用抖音以外的软件制作视频，一般视频上会有水印，为了美观和自身利益，抖音是不会帮其他软件打广告的。所以我们在制作视频的时候一定要注意，记得在软件的设置处将水印关掉。

以上四点是作为一个抖音玩家经常容易碰到的情况，大家只要尽量避免就行。可能有的人觉得抖音的规则非常苛刻，其实这也是为了大众在刷抖音的时候有一个良好的体验，维持一个干净的、对用户有益的平台，提高平台的期望值，对视频制作者和观看者来说都是一件好事，如果抖音管理不严格，以后就没有人愿意玩抖音了。所以，大家不用抱怨，根据自身的情况调节就好。

6.3.5　怎么才能录制 1 分钟的长视频

众所周知，抖音默认视频长度为 15 秒。刚开始只有达到一定的要求，才可以获得抖音长视频权限。但是，我们发现，能发抖音长视频的朋友越来越多了。他们是怎么做到的呢？在抖音上怎么发长达 1 分钟的视频呢？

刚开始的时候，抖音开通 1 分钟权限是你至少需要 1000 粉丝才可以，但是抖音为了扶持 Vlog 这个品类，已经给所有账号默认开通了 1 分钟的权限。你的账号能正常使用，哪怕 0 粉丝也可以拍摄 1 分钟的长视频。

那么，直接用抖音拍摄 1 分钟的短视频要怎么操作呢？接下来，笔者就对具体的操作步骤进行简单说明。

步骤 01 登录抖音短视频 App，点击界面下方的 ➕ 图标，如图 6-1 所示。

步骤 02 操作完成后，进入如图 6-2 所示的短视频拍摄界面。

图 6-1　点击 ➕ 图标

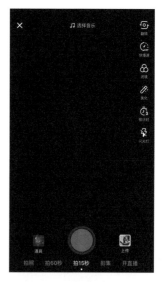

图 6-2　短视频拍摄界面

步骤 03 系统默认的是拍 15 秒视频，如果要拍摄 60 秒视频，只需点击"拍 60 秒"按钮，便可以调整短视频的拍摄录制时间，如图 6-3 所示。

步骤 04 按住拍摄界面中的 ⬤ 图标，即可进入如图 6-4 所示的界面，进行 60 秒短视频的拍摄了。

图 6-3　点击"拍 60 秒"按钮

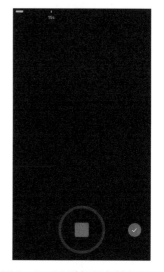

图 6-4　60 秒短视频拍摄界面

可能有的朋友还没有这个功能，有的朋友刚注册的抖音号只有 30 秒左右。

别着急，只要你的账号正常，迟早也会有这个功能的。

其实抖音一直都在降低用户的操作门槛。不过大家也别高兴得太早，因为如果你拍的 15 秒视频都不能吸引粉丝关注，那么 1 分钟的长视频将更难，因为粉丝的注意力和耐心是稀缺的，如果前面几秒你不能吸引到他，那么粉丝就瞬间滑、走了。

6.3.6 新作品流量触顶的机制

一个作品火了之后，过一段时间就迅速消退了，直到最后无人问津，这就是抖音的流量触顶机制导致的。

在前面内容中笔者曾经说过，抖音的作品需要经过人工和机器双重审核，然后先推荐 300 左右的在线初始人数给你，当粉丝的互动比达到一定数值后，再经过层层叠加推荐进而引爆，也就是所谓的上热门，通常会给账号带来大量的曝光、互动和粉丝。

而这种高推荐曝光的时间，一般不会超过一周。之后，爆款视频乃至整个账号会迅速冷却下来，甚至后续发布的一些作品也很难有较高的推荐量。

为什么会这样呢？这是因为抖音每天的日活是有限的，也就是说，它总的推荐量是基本固定的。

一方面，跟你内容相关标签的人群基本完成推荐，其他非精准标签的人群反馈效果差，所以才会停止继续推荐。

另一方面，抖音也不希望某个账号迅速在短时间内火起来，需要你通过一轮又一轮的考验，看你是否具备再创新和持续输出优质内容的能力。

听到这里，你了解作品只能火一阵的原因了吧！

最后，引用圈里朋友的一句话："其实有这样一个现实，很多抖音玩家都觉得自己的流量不稳定，把原因归结于抖音养号和机器算法，其实最主要的原因是自己的内容质量和产出不稳定，机器推荐的算法反而是最科学的，你的内容好不好都是由用户推荐的，而不是自己的眼光。只要你的内容做好了，流量自然会找上门来。"

6.3.7 如何获得抖音的直播权限

随着抖音生态越来越完善，很多达人有了粉丝以后，基本上每天都会抽出时间和粉丝直播互动。

但是很多小伙伴反映说找不到看直播的入口，也不知道该如何开通直播。接下来就教大家在哪里可以看别人的直播以及抖音开直播的方法与权限条件介绍。

先来介绍直播入口，在抖音中有三个直播入口。下面笔者就分别进行简单的介绍。

(1)"关注"界面。如果"关注"界面中有抖音账号的头像下方出现"直播中"这三个字，那么，只需点击头像进入直播间即可，如图6-5所示。

图6-5 从"关注"界面进入直播间

(2)"推荐"界面。如果你在"推荐"界面中看到某个抖音账号头像上方有"直播"这两个字，那么，只需点击其头像，便可直接进入直播间，如图6-6所示。

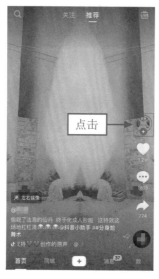

图6-6 从"推荐"界面进入直播间

（3）"直播广场"界面。直播广场中会对正在直播的抖音号的相关画面进行展示。如果想进入某个直播间，只需点击对应的画面即可，如图6-7所示。

图6-7　从"直播广场"界面进入直播间

在个人资料界面的头像，如果看到"直播中"字样，就说明这个人正在直播，就可以点进去看，现在都是随缘直播，大家是收不到系统通知的，毕竟抖音是短视频平台，还是以短视频信息流为主。

其次，抖音也放弃了榜单PK等常见的秀场直播的"套路"，取而代之是以粉丝的点赞来排行。

这个是抖音主动邀请运营者开通的，一般粉丝量要达到几千到上万不等。（不过，不以万为单位的粉丝量级开直播，基本等于照镜子）。

接下来，介绍如何开通直播权限。

其实，在抖音里直播的人还是比较少的。这是因为抖音是主动邀请运营者开通的，一般粉丝量要达到几百到上万不等，抖音才会给你开通直播权限。

抖音电商运营者要先填写自己的真实信息，进行实名认证以及绑定今日头条，另外还要发布几条精心准备的作品以及在此期间没有任何违规，才能获得抖音的直播权限。

如果你特别想要直播权限，但是条件达不到怎么办呢？此时，你还可以加入抖音认证的直播工会。需要特别说明的是，抖音账号运营者不能通过操作主动加入公会，要想加入工会，要先收到公会的邀请。

6.3.8 什么样的视频可以投放 DOU+

可能还有很多朋友不知道什么是 DOU+。其实，DOU+ 就是一个用来推广自己短视频的内置功能，它可以帮助大家快速提升抖音短视频的播放量，也就是说，抖音自己的广告投放平台，你花钱，抖音帮你把视频推荐给更多的潜在用户。

根据官方的说法，使用 DOU+ 功能的时候，会将视频展现给每一个用户，按照达成播放量的数额来扣除投放金额，直到视频达成预计投放提升的播放量为止。如果使用 DOU+ 功能后，在 48 小时内还未达到预计播放量的话，系统就会将未消费部分的金额退还到 DOU+ 账户里。所以抖音的推广效果自然有保证，不然官方肯定赚不到钱了。

DOU+ 是抖音官方自己的广告平台，目前起步投放金额是 100 元。你花100 元可以获得 5000 个推荐播放量，这相当于 2 分钱一个播放量，比线下发传单的性价比绝对高得多。

目前 DOU+ 投放支持三种定向模式。

模式 1：系统智能投放，系统会智能选择可能对该视频感兴趣的用户或潜在粉丝，对其进行视频展现，通常 100 元有 5000 人的推荐播放量。

模式 2：自定义定向投放，你能自主选择想要看到视频的用户类型：可以选择性别、年龄、地域、兴趣标签等方式进行投放，通常 100 元有 2500 ～ 4000 人的推荐播放量，你选择的选项越多，推荐人数就越少，当然相对于第一种肯定要适当精准一些。

模式 3：达人相似粉丝投放，这种比较适合定位清晰的人，知道自己的对标账号，可以添加同类型账号精准涨粉，通常 100 元有 2500 人的推荐播放量。

笔者建议大家直接选择第三种"达人相似粉丝投放"，为什么呢？因为选择你的精准投放，吸引的粉丝是精准粉丝，这样不但能提高关注度，同时还能提高销售转化率。如果你选择系统智能投放，给你推的都是一些喜欢点赞的人，产生不了实质性的交易，实际意义不是很大。

虽然第三种投放只能推送 2500 人，但是覆盖的用户精准，所以要比系统智能投放划算很多。大家在添加相似达人的时候，在搜索框内搜索"种草、好物、测评"等关键词，选择五个与你相似的账号就可以了。

相信大家都比较关心，在什么情况下可以投 DOU+。在这里笔者想告诉大家，只要你发的这个种草作品有销量，你就可以前期先投 100 元 DOU+，看下付费转化率，如果佣金收入和 DOU+ 成本能够平衡，那你就可以一直投下去。

只要你不赔钱，哪怕你一分钱不赚，你都划算，因为只要有人关注你，就相当于 0 成本买用户。这些关注你的用户，因为在抖音上有过购物的体验，所以他们更习惯于在抖音上买东西，你以后卖什么，他们都是未来的潜在客户。

另外，在投 DOU+ 之前一定要注意，你的内容千万不要太硬，否则抖音不会给你审核通过。如果没有通过，也不用担心，不合适不代表违规。另外，你充值的 DOU+ 费用，没有用完的部分也将会全款退回到你的原账户，可以供下一次 DOU+ 投放使用。

如何使用 DOU+ 功能呢？接下来笔者就对具体的操作步骤进行简单说明。

步骤 01 登录抖音短视频 App，打开需要推广的短视频，点击播放界面中的 ●●● 按钮，如图 6-8 所示。

步骤 02 操作完成后，界面中将弹出一个对话框，点击对话框中的"上热门"按钮，如图 6-9 所示。

图 6-8　点击 ●●● 按钮

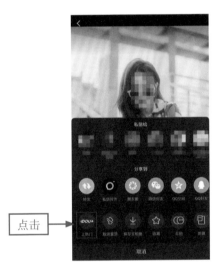

图 6-9　点击"上热门"按钮

步骤 03 操作完成后，进入 DOU +设置界面。DOU +有"速推版"和"定向版"两种，如图 6-10 所示。抖音电商运营者只需根据需求进行 DOU +设置，并支付对应的金额，便可使用 DOU+ 功能推广作品。

究竟什么样的内容适合发 DOU+ 呢？笔者认为，需要满足以下三点。

(1) 你的作品要符合抖音的社区公约。具体内容要求可以在社区公约查看。如果是五黑的内容，如暴力类、涉黄类、减肥类、医药类、美容类等内容，在 DOU+ 上是审核不通过的。

(2) 你的作品要是精良制作。什么意思呢？就是你拍的作品是自己精心准备的，最起码你的作品画质要清晰、内容有看点才可以。

图 6-10　DOU+ 设置界面

（3）作品推荐初期互动比高。这个比较好理解，就是你的作品发出来，只要账号没有被降权，都会有一个 300 左右的初级播放量，如果作品点赞、评论、转发、关注等互动比很高，这个时候你就可以投放一波 DOU+ 了。

在这里介绍一个学员投 DOU+ 上热门的真实案例。她是一个山东的宝妈，自己做了一个开箱好物的账号。因为自己不懂怎么玩，前期基本没有什么播放量。在买笔者的课程前，她基本上要放弃了。

后来笔者通过一对一指导，帮她厘清了思路。现在她的每个作品点赞量都至少过百，其中有一个视频刚发出来，播放推荐量达到了 2000 以上。她第一时间把好消息告诉我，给我发了后台数据，我看完后果断让她投了 DOU+。

她总共花了几百元钱，抖音最后给了超 500 万以上的播放推荐量，点赞量超 37 万，而且还有 2000 多人在评论区询问商品的购买链接，单单这款商品就让她在抖音真正地体验到了什么叫赚到了钱。短短半个月的时间，她的粉丝就暴涨到 7 万多，而且时不时有作品上热门。

第一次上热门对她来说特别兴奋，自从掌握了投 DOU+ 的套路后，现在对上热门已经习以为常了。为了避免有人说我在夸大其词，我把这位学员的抖音账号公布出来，大家可以在抖音上搜"波妞妞开箱记"，学习一下咱们这位普通的山东宝妈是如何通过蜕变，并且边带娃边在抖音月收入过万的。

当然，投放 DOU+ 的目的是增加曝光、实现粉丝存留。所以想要粉丝留下来，仅仅靠单个视频还不够，在投放 DOU+ 之前，如果能够把视频风格统一、主页搭建完成，同时将投放 DOU+ 时的引流手段想好，方能起到事半功倍的效果。

最后，笔者要告诉大家，如果你对自己的作品真的有信心，你投 DOU+ 没问题，一般也就是花 100 元投 6 个小时看看效果如何。如果你只是随便拍作品，而且前期粉丝互动数据也不好，我就不建议你花这个钱了。当然，如果家里有矿，就是想通过 DOU+ 刷一波存在感也可以，反正对你的权重也没什么影响。

6.3.9 粉丝从 0 到 10 万离不开这些运营套路

抖音的流量分配是去中心化的，这种去中心化算法，让每个人都有机会爆红。为什么别人玩抖音，刚开始发几个作品就能轻松获得数万点赞，而你自己拍了十几条却一直石沉大海？

这一定是你不懂背后的运营套路，接下来笔者就来向大家讲解从 0 到 10 万粉丝的运营套路。

(1) 完善自己的资料，越全越好。资料包括头像、昵称、签名、手机、绑定头条、个人认证等，总之越详细越好。因为抖音每隔一段时间，就会根据你的资料完善度、行为轨迹以及作品的互动比来进行账号权重评级。评级越高的账号，获得的初始推荐播放量就会越高，自然你涨粉的机会也就会更大。

(2) 想清楚人设定位，想得越清晰越好。人设是你拍摄内容方向的指北针，你的账号人设越清晰，定位越垂直，你被粉丝记住和喜欢的可能性就越大，你在创作的过程中也就不会迷茫了。

(3) 拍摄内容要满足粉丝的基本欲望。人类行为的核心动机不外乎三点：一是追求快乐；二是逃避痛苦；三是渴望认同。因此，你拍的视频要符合粉丝心理追求，是非常重要的。例如，新奇、漂亮的视频让我们觉得美好，好玩有趣的视频让我们笑得前仰后合，在抖音里你总能找到共鸣和成就感。

(4) 重视粉丝互动，把你的粉丝当朋友。你要学会和粉丝打成一片，而不是摆着一副高高在上的姿态，更不是把粉丝当成韭菜。把粉丝当你的朋友，粉丝不仅会自愿帮你转发、点赞、评论，更重要的是，你可以在抖音上带粉丝一起玩儿，这样才能形成自己的帮派，凝聚一帮价值观相同，和你一起成长的兄弟姐妹。

这一点笔者感同身受，在笔者的 VIP 付费指导群里，笔者经常向大家拆解抖音爆款案例，和学员的关系就像朋友一样，互相交流，大家都非常喜欢这样的氛围，而且主动帮助介绍 VIP 学员。为什么会这样？因为笔者从来没有端着，也没把自己当专家，时间长了，我们就形成了朋友关系。

(5) 做好数据运营和分析。你除了经常刷热门和研究同行以外，你还要从音乐、人设、定位、服装、风格、发布时间、挑战类别等方面经常思考和复盘，只有经过不断的思考和迭代，才能及时调整运营方向，提高你的播放量和粉丝互动关注比。

（6）一定要坚持高频率更新。想让用户持续关注你，一定要保持一定频率的更新，你仔细留意那些几十万和上百万粉丝的账号，他们至少每天更新一个原创视频或者每周更新一个原创视频，而且每一个发出来的作品都是精品。笔者知道，大多数人都有自己的事情，想要坚持下来真的很难。但是，你既然选择了短视频这条路就必须坚持，毕竟做任何的事情都是如此。

以上六点，就是想将粉丝从 0 做到 10 万的套路。听起来很简单，但是往往把简单的事一直坚持执行下去才是最难的。只要你坚持按照我上面的方法全部执行下来，你一定会有属于你的第一个 10 万粉丝账号。

第 7 章

吸粉引流：将意向客户引流到私域池

学前提示

抖音短视频自媒体已经是发展的一个趋势，它的影响力越来越大，用户也越来越多。对于抖音这个聚集大量流量的地方，"抖商"们怎么可能放弃这个好的流量池呢？

本章将通过抖音快速涨粉、引流和导流的技巧解读，帮助大家更好地将意向客户引至私域池。

要点展示

- 快速涨粉：核心秘诀就是做爆款短视频
- 抖音引流：爆发式引流的 10 个方法
- 设定转粉程序：把抖音粉丝转入微信

7.1 快速涨粉：核心秘诀就是做爆款短视频

想在短时间内快速涨粉，其中的核心秘诀就是做爆款短视频。什么是爆款短视频呢？接下来笔者就介绍制作爆款短视频的四大要点。

7.1.1 必须是原创的短视频内容

抖音有查重机制，在机器审核环节会对每一个视频每帧每秒的查重。如果你的视频是搬运视频或者后期简单处理的视频，就会被抖音打入冷宫，甚至会对你做出降权处理。

在抖音平台是鼓励原创的，其实原创也没有大家想象得那么难。哪怕你把抖音正火的作品经过简单修改后翻拍，这也叫原创。有时候抖音原创作品不火，翻拍却火了。

7.1.2 善用热门 BGM 背景音乐

同一个视频，同一天发出来只是换了个热门的 BGM，结果一个点赞不到60 万，另一个点赞超过了 890 万。在抖音，想要做出爆款，一半看你的视频作品，另一半则看你的 BGM 怎么玩。

在艺术领域有一个名词，叫作戏剧性情境中的反差设定，它是指通过具有强烈反差的设定，让人留下深刻的印象。例如，一个乞丐和一个时髦女郎站在一起，是不是就要比两个乞丐站在一起，给人留下的印象更深刻？所以事物的反差越大，戏剧性也就越强。想要通过背景音乐快速抓住用户的情绪，你可以采用下面三种万能搭配方式来作为你的背景音乐。

(1) 欢快的视频＋悲伤的 BGM 背景音乐。

(2) 倒霉的视频＋欢快的 BGM 背景音乐。

(3) 恐怖的视频＋魔性的 BGM 背景音乐。

正如有一句话所说，狗咬人不是新闻，人咬狗才是。如果在短视频的制作过程中，能赋予视频有灵魂的音乐，让视频内容与 BGM 之间具有强烈的"反差"，自然就能很快勾起抖音用户的好奇心了。

7.1.3 文案一定要写得有吸引力

短视频能不能火，标题封面文案和内容文案起到了至关重要的作用。你的标题文案写得越好，越能引起好奇或者共鸣，很自然就会吸引抖音用户查看你的短视频，然后进行关注。掌握了写文案的策略，就特别容易上热门，还能增加你的收入。

如图 7-1 所示为一则推销某玩具的短视频。对于推销类的短视频，许多抖音用户是有一些抵触情绪的，如果电商运营者在文案中只是要抖音用户买买买，那么，大部分抖音用户可能会选择直接滑过。

这则短视频做得比较好的一点就是，在文案中重点突出该玩具对孩子的吸引力，强调买了该玩具之后，孩子都不会抢手机了。而孩子抢手机正是许多家长比较忧虑的一个问题，因此，看到该文案之后，许多抖音用户便被吸引了。

图 7-1 推销某玩具的短视频

7.1.4 尝试拍真人出镜的短视频

应该有人知道，自 2019 年 5 月 1 日起，抖音官方已经开始对图文类的账号限流了。如果你打算做抖音或者已经在做，建议你选择真人出镜。因为抖音是一款非常符合商业变现逻辑的社交短视频 App，你能不能在抖音上赚到钱取决于别人对你的信任感。

在抖音上，信任感 = 人民币，真人出镜不但能够塑造你的个人 IP，还能提高你的粉丝的黏性。同时，可以通过真人出镜的方式来输出价值，在传递价值观的同时增加你的信任货币。这也就是很多真人出镜的新号能在短短几个月的时间涨粉百万的原因了。

可能有的人觉得自己表现力还不够，不好意思面对镜头，更有甚者说要保持低调，不愿意轻易"卖脸"。每当别人有这样的想法，笔者就觉得可笑，你都没有调，你低的是什么调？

其实，不愿意出镜的本质问题还是自己能力不够，害怕受挫，所以才一直处于舒适区，不愿意突破自己。笔者希望看到这本书的读者，不要给自己设限。送给大家一个笔者经常用的万能咒语，每次只要遇到不敢挑战的事情时，笔者就会对自己说："管他呢，豁出去了！"

7.2 抖音引流：爆发式引流的 10 个方法

抖音聚合了大量的短视频信息，同时也聚合了很多流量。对于"抖商"来说，如何通过抖音引流，让它为己所用才是关键。本节将介绍 10 个非常简单的抖音引流方法，手把手教你通过抖音获取粉丝的爆发式增长。

7.2.1 硬广告引流法

硬广告引流法是指在短视频中直接进行产品或品牌展示。建议抖音电商运营者购买一个摄像棚，将平时朋友圈发的反馈图全部整理出来，然后制作成照片电影来发布视频，如减肥的前后效果对比图、美白的前后效果对比图等。

例如，抖音号"荣耀手机"便联合其荣耀 20S 新品手机代言人李现进行了硬广告引流，如图 7-2 所示。

图 7-2　抖音号"荣耀手机"联合代言人进行硬广告引流

7.2.2 利用抖音热搜引流

对于短视频的创作者来说，蹭热词已经成为一项重要的技能。用户可以利用抖音热搜寻找当下的热词，并让自己的短视频高度匹配这些热词，得到更多的曝光。下面总结出了四个利用抖音热搜引流的方法。

1. 视频标题文案紧扣热词

如果某个热词的搜索结果只有相关的视频内容，这时视频标题文案的编辑就尤为重要了，用户可以在文案中完整地写出这些关键词，提升搜索匹配度的优先级别。

2. 视频话题与热词吻合

以"烈火英雄"的热词为例，搜索结果中可以看到大量相关的视频，如图7-3所示。从视频搜索结果来看，排在首位的就是包含"烈火英雄"这个热词的视频，如图7-4所示。

图 7-3 "烈火英雄"的搜索结果

图 7-4 视频话题与热词吻合

3. 视频选用 BGM 与热词关联度高

例如，从"你笑起来真好看"这一热搜词返回的搜索结果来看，部分抖音短视频从文案到标签，都没有"你笑起来真好看"的字样。这些短视频能得到曝光机会，是因为 BGM 使用了《你笑起来真好看》这首歌，如图7-5所示。因此，通过使用与热词关联度高的 BGM，同样可以提高视频的曝光率。

4. 账号命名踩中热词

这种方法比较取巧，甚至需要一些运气，但对于跟热词相关的垂直账号来说，一旦账号命名踩中热词，曝光概率会大幅增加。

比如，热词"瘦身"，真正带火这个词的可能是某些抖音号的瘦身视频，但是部分抖音号却因为命名踩中了热词，也搭上了热榜的顺风车，曝光率得到大提升，如图 7-6 所示。

图 7-5　视频选用 BGM 与热词关联度高

图 7-6　账号命名踩中热词

7.2.3　抖音原创视频引流

有短视频制作能力的抖音电商运营者，原创引流是最好的选择。抖音电商运营者可以把制作好的原创短视频发布到抖音平台，同时在账号资料部分进行引流，如昵称、个人简介等地方，都可以留下联系方式，如图 7-7 所示。

注意，不要在其中直接标注"微信"两个字，可以用拼音简写、同音字或其他相关符号来代替。只要用户的原创短视频播放量越大，曝光率越大，引流的效果就会越好。

抖音上的年轻用户偏爱热门和创意有趣的内容，同时在抖音官方介绍中，抖音鼓励的视频是：场景、画面清晰；记录自己的日常生活，内容健康向上，多人类、剧情类、才艺类、心得分享、搞笑等多样化内容，不拘泥于一个风格。抖音电商运营者在制作原创短视频内容时，可以记住这些原则，让作品获得更多推荐。

图7-7　在账号资料部分进行引流

7.2.4　抖音评论区引流

评论引流主要有两种方式，一种是评论热门视频引流，另一种是回复用户评论引流。下面分别进行说明。

1. 评论热门视频引流

精准粉丝引流法主要通过去关注同行业或同领域的相关账号，评论他们的热门作品，并在评论中打广告，给自己的账号或者产品引流。例如，卖女性产品的抖音电商运营者可以多关注一些护肤、美容类的相关账号，因为关注这些账号的粉丝大多是女性群体。

抖音电商运营者可以到"网红大咖"或者同行发布的短视频评论区进行评论，评论的内容直接复制、粘贴引流话术。评论热门作品引流主要有两种方法。

- 直接评论热门作品：特点是流量大、竞争大。
- 评论同行的作品：特点是流量小，但是粉丝精准。

例如，做瘦身产品的电商运营者，在抖音搜索瘦身、减肥类的关键词，即可找到很多同行的热门作品。抖音电商运营者只需要在热门视频中评论用过自己的产品之后的良好效果，其他抖音用户就会对产品表现出极大的兴趣。

抖音电商运营者可以将这两种方法结合在一起做，同时注意评论的频率。还有评论的内容不可以千篇一律，不能带有敏感词。

评论热门作品引流法有两个小诀窍，具体方法如下。

- 用小号到当前热门作品中去评论，评论内容可以写：想看更多精彩视频，请点击→→@你的大号。另外，小号的头像和个人简介等资料，这些都是用户能第一眼看到的东西，因此要尽量给人很专业的感觉。
- 直接用大号去热门作品中回复：想看更多好玩视频请点我。注意，大号不要频繁进行这种操作，建议 1 小时内去评论 2～3 次即可，太频繁的评论可能会被系统禁言。这么做的目的是直接引流，把别人热门作品里的用户流量引入你的作品里。

2. 回复用户评论引流

抖音短视频的评论区，基本上是抖音的精准受众，而且都是活跃用户。抖音电商运营者可以先编辑好一些引流话术，话术中带有联系方式。在自己发布的视频的评论区回复其他人的评论，评论的内容直接进行引流，如图 7-8 所示。

图 7-8　抖音评论区人工引流

7.2.5　抖音矩阵引流

抖音矩阵是指通过同时做不同的账号运营，来打造一个稳定的粉丝流量池。道理很简单，做一个抖音号也是做，做 10 个抖音号也是做，同时做可以为你带来更多的收获。打造抖音矩阵基本都需要团队的支持，至少要配置两名主播、一个拍摄人员、一个后期剪辑人员以及一个推广营销人员，从而保证矩阵的顺利运营。

抖音矩阵的好处很多，首先可以全方位地展现品牌特点，扩大影响力，而且可以形成链式传播来进行内部引流，大幅度提升粉丝数量。

例如，费启鸣便是借助抖音矩阵打造了多个用户，且每个抖音号都拥有一定数量的粉丝，如图 7-9 所示。

抖音矩阵可以最大限度地降低多账号运营风险，这和投资理财强调的"不把鸡蛋放在同一个篮子里"的道理是一样的。多个账号一起运营，无论是做活动还是引流吸粉，都可以达到很好的效果。但是，在打造抖音矩阵时，还有很多注意事项，具体如下。

图 7-9 费启鸣的抖音矩阵打造

（1）注意账号的行为，遵守抖音规则。

（2）一个账号一个定位，每个账号都有相应的目标人群。

（3）内容不要跨界，小而美的内容是主流形式。

这里再次强调抖音矩阵的账号定位，这一点非常重要，每个账号角色的定位不能过高或者过低，更不能错位，既要保证主账号的发展，也要让子账号能够得到很好的成长。

7.2.6 抖音私信消息引流

抖音支持"发信息"功能，一些粉丝可能会通过该功能给用户发信息，用户可以时不时看一下，并利用私信进行引流，如图 7-10 所示。

图 7-10 利用抖音私信进行引流

7.2.7 多闪 App 引流

2019 年年初，今日头条发布一款名为"多闪"的短视频社交产品。"多闪"拍摄的小视频可以同步到抖音，同时，"多闪"是可以直接通过抖音授权登录的。其具体操作为，进入"多闪"App 之后，点击"抖音登录"按钮，然后在弹出的界面中点击"授权并登录"按钮，如图 7-11 所示。

图 7-11　授权登录"多闪"

"多闪"App 诞生于抖音的私信模块，可以将抖音上形成的社交关系直接引流转移到"多闪"平台，通过自家平台维护这些社交关系，降低用户结成关系的门槛。下面介绍通过"多闪"App 主动加人引流的操作方法。

步骤 01 打开"多闪"App，在主界面有一个"好友多闪"模块，会推荐一些好友，点击需要添加的好友后方的"加好友"按钮，如图 7-12 所示。

步骤 02 执行操作后，弹出"申请加好友"提示框，输入相应的申请信息，点击 ▶ 按钮，如图 7-13 所示。

需要注意的是，通过"多闪"App 主动加人，每天是有人数限制的，当日最多添加 500 人，被动加人没有人数限制。"多闪"App 的好友上限目前还不清楚，如果同步抖音平台上的私信好友的话，暂且认为"多闪"App 的好友上限可以过万。

步骤 03 执行操作后，只需等待对方通过即可。另外，"消息"界面还可以邀请微信和QQ好友，具体操作为点击界面中的"邀请好友"按钮，如图 7-14 所示。

步骤 04 执行操作后，弹出"个人二维码已保存到相册"提示框。如果想邀请 QQ 好友，需要选择"打开 QQ 发送"选项，如图 7-15 所示。

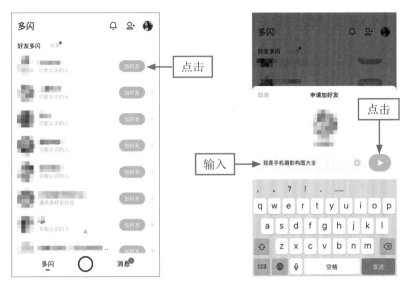

图 7-12　点击"加好友"按钮　　　图 7-13　申请加好友

图 7-14　点击"邀请好友"按钮

图 7-15　选择"打开 QQ 发送"选项

步骤 05　执行操作后，在弹出的"'多闪'想要打开'QQ'"对话框中，点击"打开"按钮，如图 7-16 所示。

步骤 06　执行操作后，自动跳转到 QQ 聊天窗口，选择相应的联系人，点击图标；选择带有"多闪"二维码的图片；点击"发送"按钮，如图 7-17 所示。

图 7-16　点击"打开"按钮

图 7-17　发送邀请信息

步骤 07　执行操作后，QQ 聊天窗口将出现带有"多闪"二维码的图片，如图 7-18 所示。

图 7-18　发送二维码图片

步骤 08　另外，在"消息"界面点击右上角的 ⊕ 图标，在弹出的菜单中选择"添加好友"选项，如图 7-19 所示。

步骤 09　执行操作后，进入"添加好友"界面，包括多种添加好友方式，建议用户将"多闪"App 内的添加好友功能，可能认识的人以及推荐的关系维度，包括通讯录好友、好友的好友等，第一时间将能添加的好友全部点一遍，如图 7-20 所示。

图 7-19　选择"添加好友"选项

图 7-20　"添加好友"界面

专家提醒

利用"多闪"App 的聊天功能和抖音粉丝私信，与之前利用抖音自带的私信功能相比，"多闪"App 可以发送较多数量的微信号。但是，用"多闪"App 发送过多的微信号时，依然会弹出过度营销提示。

7.2.8　跨平台引流

目前来说，除了那些拥有几百万甚至上千万粉丝的抖音达人账号外，其他只有百十万粉丝的大号跨平台能力都很弱。这一点从微博的转化就能看出来，普遍都是 100∶1，也就是说，抖音涨 100 万粉，微博只能涨 1 万粉丝，跨平台的转化率非常低。

微博是中心化平台，如今已经很难获得优质粉丝；而抖音则是去中心化平台，虽然可以快速获得粉丝，但粉丝的实际黏性非常低，转化率还不如直播平台高。其实，直播平台也是去中心化的流量平台，而且可以人为控制流量，同时粉丝黏性也比较高，因此转化到微博的粉丝比例更高一些。

抖音粉丝超过 50 万即可参与"微博故事红人招募计划"，享受更多专属的涨粉和曝光资源。除了微博引流外，抖音的内容分享机制也进行了重大调整，拥有更好的跨平台引流能力。

此前，将抖音短视频分享到微信和 QQ 平台后，被分享者只能收到被分享的短视频链接。但现在，将作品分享到朋友圈、微信好友、QQ 空间和 QQ 好友，抖音就会自动将该视频保存到本地。保存成功后，抖音界面上会出现一个"继续分享"的分享提示。

只要用户点击相应按钮就会自动跳转到微信上，这时只要选择好友即可实现单条视频分享。点开即可观看，不用再手动复制链接到浏览器上观看了。抖音分享机制的改变，无疑是对微信分享限制的一种突破，此举对抖音的跨平台引流和自身发展都起到了一定的推动作用，如图 7-21 所示。

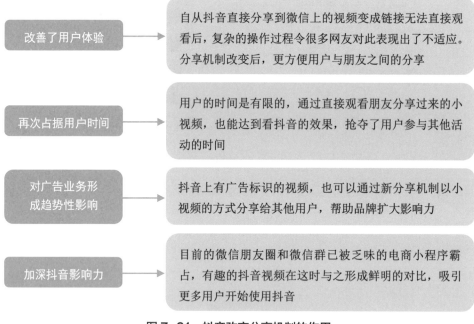

图 7-21　抖音改变分享机制的作用

专家提醒

　　抖音账号流量不高有两个方面的原因：一是内容不行，二是受众太窄。例如，一个新注册的抖音账号，内容定位为"家装"，这就相当于把那些没买房和不想装修的人群全部过滤掉了，这样账号的受众就非常窄，流量自然不会高。抖音平台给新号的流量不多，用户一定要合理利用，内容覆盖的受众越多越好。

　　还有一点，"颜值"很重要，可以换一个帅一点的男演员或更漂亮一点的女演员，提升视频自身的吸引力，从而增加播放量。抖音的首要原则就是"帅和漂亮"，其他因素都可以往后排，除非你的才华特别出众，可以不用"颜值"来吸引用户。

7.2.9 线上引流

跨平台引流最重要的就是各种社交平台了，除了微博外，微信、QQ 和各种音乐平台都拥有大量的用户群体，是抖音引流不能错过的平台。

1. 微信引流

微信已实现对国内移动互联网用户的大面积覆盖，成为国内最大的移动流量平台之一。下面介绍使用微信为抖音引流的具体方法。

(1) 朋友圈引流：用户可以在朋友圈中发布抖音上的短视频作品，同时视频中会显示相应的抖音账号，吸引朋友圈中的好友关注。注意，朋友圈只能发布10 秒以内的视频，而抖音的短视频通常都在 15 秒以上，所以发布时我们还需要对其进行剪辑，尽可能选择内容中的关键部分。

(2) 微信群引流：通过微信群发布自己的抖音作品，其他群用户点击视频后可以直接查看内容，增加内容的曝光率。注意发布的时间应尽量与抖音上同步，也就是说，发完抖音的短视频后马上分享到微信群，但不能太频繁。

(3) 公众号引流：公众号也可以定期发布抖音短视频，将公众号中的粉丝引流到抖音平台上，从而提高抖音号的曝光率。

2. QQ 引流

作为最早的网络通信平台，QQ 拥有强大的资源优势和底蕴，以及庞大的用户群，是抖音运营者必须巩固的引流阵地。

(1) QQ 签名引流：用户可以自由编辑或修改"签名"的内容，在其中引导QQ 好友关注抖音号。

(2) QQ 头像和昵称引流：QQ 头像和昵称是 QQ 号的首要流量入口，用户可以将其设置为抖音的头像和昵称，增加抖音号的曝光率。

(3) QQ 空间引流：QQ 空间是抖音运营者可以充分利用起来进行引流的一个好地方，用户可以在此发布抖音短视频作品。注意要将 QQ 空间权限设置为所有人都可访问，如果不想有垃圾评论，也可以开启评论审核。

(4) QQ 群引流：用户可以多创建和加入一些与抖音号定位相关的 QQ 群，多与群友进行交流互动，让他们对你产生信任感，此时再发布抖音作品来引流就自然会水到渠成。

(5) QQ 兴趣部落引流：QQ 兴趣部落是一个基于兴趣的公开主题社区，这一点和抖音的用户标签非常类似，能够帮助用户获得更加精准的流量。用户也可以关注 QQ 兴趣部落中的同行业达人，多评论他们的热门帖子，可以在其中添加自己的抖音号等相关信息，收集到更加精准的受众。

3. 音乐平台引流

抖音短视频与音乐是分不开的，因此用户还可以借助各种音乐平台来给自己的抖音号引流，常用的有网易云音乐、虾米音乐和酷狗音乐。以网易云音乐为例，这是一款专注于发现与分享音乐的产品，依托专业音乐人、DJ(Disc Jockey，打碟工作者)、好友推荐及社交功能，为用户打造全新的音乐生活。

网易云音乐的目标受众是一群具有一定音乐素养的、较高教育水平、较高收入水平的年轻人，这和抖音的目标受众重合度非常高，因此成为抖音引流的最佳音乐平台之一。

用户可以利用网易云音乐的音乐社区和评论功能，对自己的抖音进行宣传和推广。除此之外，用户还可以利用音乐平台的主页动态进行引流。例如，网易云音乐推出了一个类似微信朋友圈的功能，用户可以发布歌曲动态，上传照片和发布 140 字以内的文字内容，同时还可以发布抖音短视频，可以非常直接地推广自己的抖音号。

7.2.10　线下引流

抖音的引流是多方向的，既可以从抖音或者跨平台引流到抖音号本身，也可以将抖音流量引导至其他的线上平台。尤其是本地化的抖音号，还可以通过抖音给自己的线下实体店铺引流。

例如，"答案茶""土耳其冰淇淋"、CoCo 奶茶、宜家冰淇淋等线下店通过抖音吸引了大量粉丝前去消费。特别是"答案茶"，仅在短短几个月内，抖音就招收了几百家代理加盟店。

用抖音给线下店铺引流，最好的方式就是开通企业号，利用"认领 POI 地址"功能，在 POI 地址页展示店铺的基本信息，实现线上到线下的流量转化。当然，要想成功引流，用户还必须持续输出优质的内容、保证稳定的更新频率以及用户多互动，并打造好自身的产品，做到这些，可以为店铺带来长期的流量保证。

7.3　设定转粉程序：把抖音粉丝转入微信

当"抖商"通过注册抖音号，拍摄短视频内容在抖音等短视频平台上获得大量粉丝后，接下来就可以把这些粉丝导入微信，通过微信来引流，将抖音流量沉淀到自己的店铺，获取源源不断的精准流量，降低流量获取成本，实现粉丝效益的最大化。

7.3.1　最大化挖掘粉丝价值

"抖商"都希望自己能够长期获得精准的流量，因此必须不断积累，将短视频吸引到的粉丝导流到微信平台上，把这些精准的用户圈在自己的流量池中，并通过不断的导流和转化，让流量池中的水"活"起来，更好地实现变现。

1. 获得长久的精准用户

根据 2019 年 1 月 9 日微信官方发布的《2018 微信数据报告》显示，截至2018 年 9 月，微信月活用户达到 10.82 亿，每天发送消息 450 亿次，同比增长 18%。这些数据表明，微信不仅有为数众多的用户使用率，而且其消息触达率也非常高。对于如此庞大的流量平台，"抖商"一定要利用好，以沉淀流量和维护粉丝。

"抖商"们可以在抖音、快手、今日头条、淘宝以及各直播平台中，在个人简介或者内容中露出微信，并且通过一定的利益来吸引粉丝添加你的微信，如红包、抽奖、优惠券、赠品或者新品抢购等。

例如，"玩转手机摄影"自媒体在今日头条通过图文、短视频等内容吸引了22 万粉丝关注，并在简介中露出了自己的微信公众号和个人微信号进行导流，如图 7-22 所示。同时，在微信公众号上开通了微店售卖产品来变现。

图 7-22　"玩转手机摄影"的今日头条主页

另外，"玩转手机摄影"还通过微信积极与粉丝互动，如评图交流、每日打卡以及摄影教程赠送等福利，增强粉丝的黏性。

"抖商"通过各种福利不仅可以引导用户分享，形成裂变传播，而且能在微信平台上深度沉淀用户，对他们进行二次甚至多次营销，将收获的流量反哺到自己的店铺中，这些精准流量带来的转化率是非常可观的。

因此，打造一个"短视频（引流）→微信（导流）→店铺（变现）"的商业闭环，对于"抖商"来说是刻不容缓的，可以将单个流量的价值成倍放大，获得长久的精准用户。"抖商"常用的微信吸粉方法主要有以下五种，如图 7-23 所示。

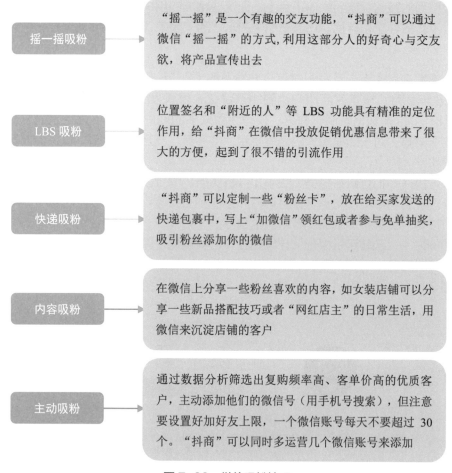

图 7-23　微信吸粉技巧

专家提醒

　　粉丝是实现营销目标的重要支撑，他们是精准营销的重要目标客户群体。从目前来看，在微信的营销生态圈层中，粉丝是其中不可或缺的组成元素，具有巨大的营销价值。

　　基于粉丝的作用，一些"抖商"盲目地重视粉丝的数量，而忽视粉丝的质量，走入了营销的认识误区。数量是与质量相对的，当偏向于某一方时，就失去了平衡，更何况在微信营销中，粉丝的数量是受限制的，这会严重阻碍你的发展。

2. 微信维护抖音的粉丝

微信不仅能够帮助"抖商"吸粉，还可以帮助他们更好地维护抖音等短视频平台的粉丝，通过粉丝维护可以提高黏性、实现裂变以及引导转化，让流量持续变现。

1) 提高粉丝活跃度

"抖商"可以在微信中开发一些营销功能，如签到、抽奖、学习或者在线小游戏等，提高粉丝参与的积极性。在一些特殊的节假日期间，"抖商"还可以在微信上开发一些微信吸粉 H5 活动，来提升粉丝活跃度以及快速拉新。

在制作微信吸粉 H5 活动时，"强制关注 + 抽奖"这两个功能经常会组合使用，同时可以把 H5 活动二维码插入微信文章中，或者将活动链接放入"原文链接"、公众号菜单以及设置关注回复等，让用户关注后就能马上参与活动。

同时，当制作好关注抽奖 H5 活动后，还需要使用一定的运营技巧，如图 7-24 所示，才能让粉丝实现有效增长。

关注抽奖 H5 活动运营技巧

内部推广：将活动链接发布到公众号文章的"阅读原文"或底部菜单，加强原公众号粉丝的参与热情度。

外部推广：将活动链接发布到朋友圈和其他新媒体渠道的文章中，利用奖品来吸引新粉丝关注公众号。

活动后续：当活动结束后，可以在 H5 后台收集参与粉丝的联系方式，及时为他们进行兑奖。

图 7-24　关注抽奖 H5 活动的运营技巧

2) 提高粉丝黏性

不管是电商、微商还是实体门店，都将微信和朋友圈作为自己的主要营销平台，可见其有效性是不容置疑的。所以，"抖商"完全可以借鉴这些有效的方法和平台，在微信公众号或者个人微信朋友圈中发送营销内容，培养粉丝的忠诚度，激发他们的消费欲望，同时还可以通过一对一的微信私聊解决粉丝的问题，提高用户黏性。

在运营的过程中，微信内容的安排在平台建立之初就应该有一个大致的定位，并基于其短视频内容定位进行微信内容的安排，也就是需要"抖商"做好微信平台的内容规划，这是保证粉丝运营顺利进行下去的有效方法。

例如，微信公众号"手机摄影构图大全"就对微信平台的内容进行了前期规划，并在功能介绍中进行了清晰呈现，发送的图文内容始终围绕这一定位来进行，如图 7-25 所示。

图 7-25　微信平台的整体内容规划

3) 管理维护粉丝

大部分"抖商"会同时运营多个微信号来打造账号矩阵，但随着粉丝数量的不断增加，管理这些微信号和粉丝就成了一个很大的难题，此时"抖商"可以利用一些电商营销工具来帮忙。

例如，聚客通是一个社交用户管理平台，可以帮助用户盘活微信粉丝，引爆单品，快速提升 DSR(Detailed Seller Ratings) 动态评分，具有多元化的裂变和拉新玩法，助力"抖商"实现精细化的粉丝管理，如图 7-26 所示。

3. 打造高转化成交场景

"抖商"同样也是商人，转化率也是一个非常重要的数据，没有转化，再多的流量也是无效的，因此"抖商"需要打造高转化率的成交场景，其中微信红包就是一种不错的营销工具。

"抖商"在微信上引流时可以在 H5 活动中加入微信红包，并制作成邀请函，不但可以极大地增加对用户的吸引力，而且还可以让用户得到切实的好处，对你产生好的印象。

图 7-26　聚客通

另外，腾讯在微信上推出了一种连接线上线下的活动营销工具，那就是微信卡券，"抖商"也可以通过这个功能更好地向用户推广促销活动，打造 O2O 消费闭环，如图 7-27 所示。

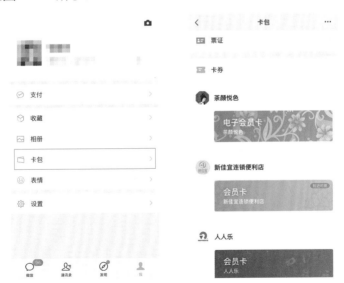

图 7-27　微信卡券

微信卡券功能可以与抽奖等互动游戏相结合，将卡券作为游戏奖品分发给用户。通过这种营销形式，"抖商"不但可以快速有效且低成本地完成促销活动，同时粉丝还能获得更多实惠，促进他们进店消费，从而提升店铺转化率。

PC 时代奉行的是"流量为王"，而移动互联网时代的主要特征是"流行即流量"，通过短视频、H5 等内容来让产品或品牌流行，从而增强它们对用户的影响力和吸引力，形成口口相传的流行氛围，刺激粉丝的消费欲望，让浏览变成购买。

随着今日头条、抖音、微信以及微博等各种社交平台和短视频应用的兴起，"抖商"获取流量的渠道也越来越多。一旦这些平台打败竞争者，成长为垂直领域的独角兽后，"抖商"获取流量的成本就会变得非常高。

那么，如何才能低成本地获得长久的流量呢？重点就在于老客户的维护，将在抖音等平台用短视频吸引的精准流量导流到自己的流量池中，通过营销、管理、维护和转化等，让他们成为你的忠实粉丝，打造属于自己的私域流量池，为你带来长久的效益。

7.3.2 八种微信导流的方法

抖音是一个十分强大的引流渠道，上一节说明了将抖音粉丝导流到微信的重要性，这一小节将介绍具体的导流方法，帮助"抖商"实现平台互推。这里再次强调，抖音增粉或者微信引流，首先必须把内容做好，通过内容运营来不断巩固你的个人 IP。只有基于好的内容才能吸引粉丝进来，才能让他们愿意转发分享，慢慢地，你的流量池中的"鱼"就会越来越多，离成功也就越来越近。

1. 在视频内容中露出微信号

其主要方法就是在短视频内容中露出微信，可以由主播自己说出来，也可以通过背景展现出来，或者打上带有微信的水印，只要这个视频火爆后，其中的微信号也会随之得到大量的曝光。

例如，下面这个护肤内容的短视频，通过图文内容介绍了一些护肤技巧，最后展现了主播自己的微信号来实现引流，如图 7-28 所示。

需要注意的是，最好不要直接在视频上添加水印，这样做不仅影响粉丝的观看体验，而且无法通过审核，甚至会被系统封号。

2. 在账号简介中展现微信号

抖音的账号简介通常是简单明了，一句话解决，主要原则是"描述账号＋引导关注"，基本设置技巧如下：前半句描述账号特点或功能，后半句引导关注微信，账号简介可以用多行文字，但一定要在多行文字的视觉中心出现引导加微信的字眼；用户可以在简介中巧妙地推荐其他账号，但不建议直接引导加微信等。

在账号简介中展现微信号是目前最常用的导流方法，而且修改起来也非常方便快捷。但需要注意的是，不要在其中直接标注"微信"，可以用拼音简写、同音字或其他相关符号来代替。只要用户的原创短视频的播放量越大，曝光率越大，引流的效果就会越好，如图 7-29 所示。

图 7-28　在视频内容中露出微信号

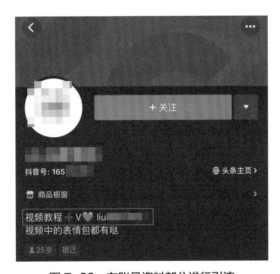

图 7-29　在账号资料部分进行引流

3. 在个人名字里设置微信号

在个人名字里设置微信号是抖音早期常用的导流方法（见图 7-30），但今日头条和腾讯之间的竞争非常激烈，因此抖音对于名称中的微信审核非常严格，"抖商"在使用该方法时需要非常谨慎。

图7-30 在账号资料部分进行引流

在抖音上修改名字也非常方便，可以进入"设置"界面，点击"编辑资料"按钮。进入"编辑个人资料"界面，点击"名字"一栏，如图7-31所示。进入"修改名字"界面，在"我的名字"文本框中输入新的名字，如图7-32所示；点击"保存"按钮保存，即可修改账号名字。

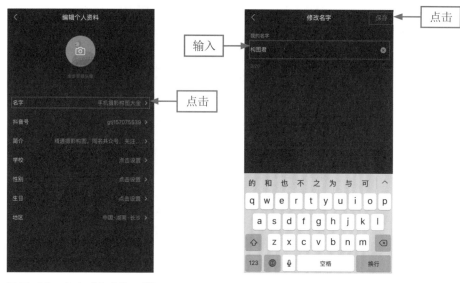

图7-31 点击"名字"一栏　　　　　　图7-32 修改账号名字

抖音个人昵称设定的基本技巧如图7-33所示。

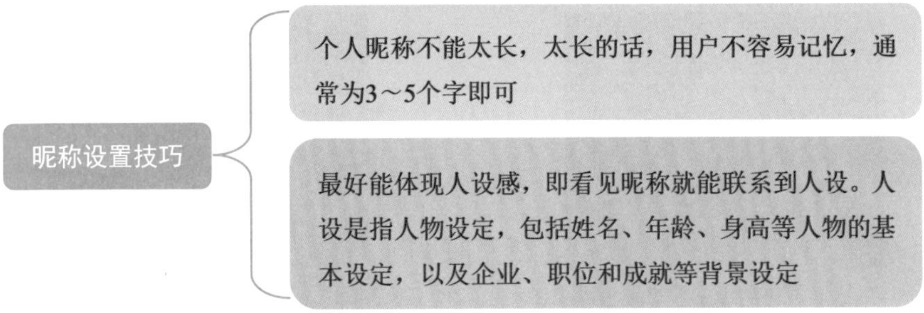

昵称设置技巧
个人昵称不能太长，太长的话，用户不容易记忆，通常为3～5个字即可
最好能体现人设感，即看见昵称就能联系到人设。人设是指人物设定，包括姓名、年龄、身高等人物的基本设定，以及企业、职位和成就等背景设定

图 7-33　抖音个人昵称设定的基本技巧

4. 在抖音号中设置微信号

抖音号与微信号一样，是其他人能够快速找到你的一串独有的字符，位于个人昵称的下方。“抖商”可以将自己的抖音号直接修改为微信号，如图 7-34 所示。但是，抖音号只能修改一次，一旦审核通过就不能修改了。所以，“抖商”修改前一定要想好，这个微信号是否是你最常用的那个。

不过，这种方法有一个非常明显的弊端，那就是“抖商”的微信号可能会遇到好友上限的情况，这样就无法通过抖音号进行导流了。因此，建议“抖商”将抖音号设置为公众号，这样可以有效避免这个问题。

下面介绍修改抖音号的操作方法。

步骤 01 打开抖音 App，在主界面点击右下角的“我”按钮，进入相应界面，点击“编辑资料”按钮，进入“编辑个人资料”界面。

+ 关注
抖音号: ke36
商品橱窗
爱分享的80后老阿姨，V❤:ke36
34岁

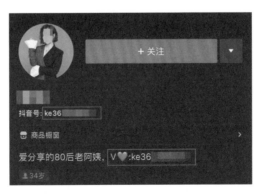

图 7-34　在抖音号中设置微信号

步骤 02 进入“编辑个人资料”界面，点击“抖音号”一栏，如图 7-35 所示。

步骤 03 进入“修改抖音号”界面，修改抖音号；点击右上方的“保存”按钮即可，如图 7-36 所示。在修改的时候需要注意，抖音号只能包含数字、字母、下划线和点，其他的字符都不能用。

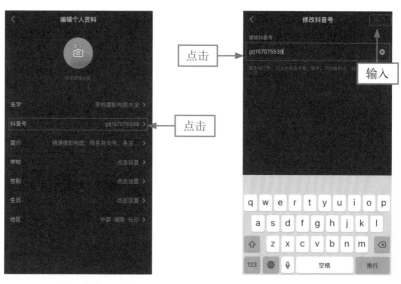

| 图 7-35　点击"抖音号"一栏 | 图 7-36　"修改抖音号"界面 |

5. 在背景图片中设置微信号

背景图片的展示面积比较大，容易被人看到，因此在背景图片中设置微信号的导流效果也非常明显，如图 7-37 所示。下面介绍抖音背景图片的设置方法。

步骤 01 进入"我"界面，点击界面上方的背景图片，点击"更换"按钮，如图 7-38 所示。

图 7-37　在背景图片中设置微信号

图 7-38　点击"更换"按钮

步骤 02 弹出菜单，可以直接拍一张，也可以从相册或图库中选择喜欢的图片，如图 7-39 所示。

步骤 03 选择"相册选择"选项，可以进入"所有照片"界面。在该界面中选择需要设置为背景的图片，如图 7-40 所示。

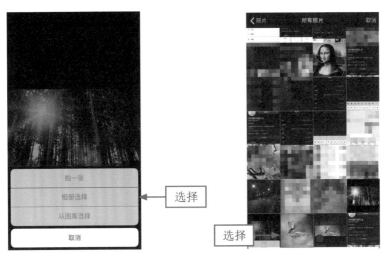

图 7-39 弹出的菜单　　　　　图 7-40 "所有照片"界面

步骤 04 执行操作后，进入"裁剪"界面。在该界面中对图片进行裁剪，裁剪完成后，点击"确定"按钮，如图 7-41 所示。

步骤 05 操作完成后，返回"我"界面。如果背景图片发生了变化，说明背景图片更换成功了，如图 7-42 所示。

图 7-41 "裁剪"界面　　　　　图 7-42 背景图片更换成功

6. 在个人头像上设置微信号

抖音号的头像都是图片，在其中露出微信号，系统也不容易识别，但头像的展示面积比较小，需要粉丝点击放大后才能看清楚，因此导流效果一般，如图 7-43 所示。另外，有微信号的头像也需要用户提前用 Photoshop 或者修图App 做好。

图 7-43　在个人头像上设置微信号

需要注意的是，抖音对于设置微信的个人头像管控得非常严格，所以"抖商"一定要谨慎使用。抖音号的头像也需要有特点，必须展现自己最美的一面，或者展现企业的良好形象。

用户可以进入"编辑个人资料"界面，点击头像即可修改，有两种方式，分别是从相册选择和拍照。另外，在"我"界面点击头像，不仅可以查看头像的大图，还可以对头像进行编辑操作。

抖音头像设定的基本技巧如图 7-44 所示。

头像设置技巧

头像一定要清晰

个人人设账号一般使用主播肖像作为头像

团体人设账号可以使用代表人物形象作为头像，或者使用公司名称、LOGO 等标志

图 7-44　抖音头像设定的基本技巧

7. 通过设置关注的人引流

"抖商"可以创建多个小号，将它们当作引导号，然后用大号去关注这些小号，通过大号来给小号引流，如图7-45所示。

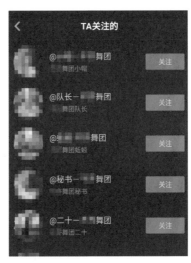

图7-45　通过设置关注的人引流

另外，"抖商"也可以在大号个人简介中露出小号，来给小号导流。例如，"辣妈知识宝典"抖音号就在账号简介中通过电子版资料来吸引粉丝关注她的其他抖音号，如图7-46所示。

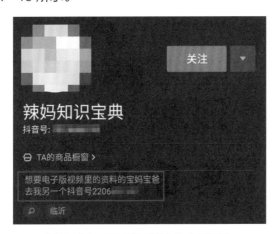

图7-46　通过账号简介为小号导流

很多"抖商"可能都是由微商转型来的，在短视频这一块可能有些"水土不服"，难以变现，此时就只能将抖音流量导流到自己熟悉的领域了。但是，抖音对于这种行为限制比较严格，会采取限流甚至封号的处罚。而"抖商"的大号养起来也非常不容易，此时就只能多借用这些小号来给微信或者公众号导流了，虽然走了一些弯路，但至少能避免很多风险。

8. 大号给小号作品点赞引流

很多用户在看到精彩的短视频内容后，不仅会关注这个短视频的创作者，而且出于好奇，还会去看他喜欢的内容，如图 7-47 所示。此时，"抖商"就可以利用这些粉丝的好奇心，在"喜欢"列表中给自己的小号作品点赞，吸引粉丝关注，然后通过小号用一些比较大胆的方式来给微信导流。

图 7-47　通过大号给小号作品点赞引流

专家提醒

　　另外，"抖商"也可以在大号上发布短视频作品时，通过 @ 功能在标题中 @ 自己的小号，这样粉丝点击这些小号名称即可快速达到小号主页面。"抖商"可以在这些小号中大胆地使用一些导流方式，如在背景图、头像中添加微信号等，这样能够避免大号被封。

第 8 章

抖音变现：从广告、直播到橱窗卖货

学前
提示

为什么要做抖音电商？对于这个问题，大部分抖音电商运营者的回答可能都是通过抖音赚取一桶金。那么，要如何通过抖音赚取一桶金呢？

这一章笔者就从选定方向、变现内容和视频卖货三个方面，为大家保驾护航，快速提高抖音的变现能力。

要点展示

- 选定方向：抖音变现常见的六大主流形式
- 变现内容：抖音平台上最容易变现的内容
- 视频卖货：通过抖音卖货变现的五大形式

8.1 选定方向：抖音变现常见的六大主流形式

想要赚到钱，你就需要在做之前思考你在抖音上要采取哪种变现形式？在抖音中有六大主流变现形式，每种变现形式有不同的要求和适用人群，抖音电商运营者要做的就是找到更适合自己的变现形式。

8.1.1 接广告：有粉丝基数后广告商才会主动找你

广告在抖音上是所有达人方最直接的变现方式，若达人还没有自己的产品或者品牌的话，广告变现最合适。广告分为软广和硬广，软广意思就是指围绕内容做广告植入，硬广意思就是指围绕广告做内容。

目前主要接广告的方式有抖音自己的星图平台、广告公司派单、广告主主动找到达人、达人主动寻找广告主、签约 mcn 机构等。

当抖音电商运营者的抖音积累了大量粉丝，账号成了一个知名度比较高的 IP 之后，可能就会被邀请做广告代言。此时，抖音电商运营者便可以赚取广告费的方式进行 IP 变现。

抖音中通过广告代言变现的 IP 还是比较多的，它们共同的特点就是粉丝数量多，知名度高。如图 8-1 所示为"摩登兄弟"的抖音个人主页，可以看到其粉丝量就是比较多的。

正是因为有如此多的粉丝，"摩登兄弟"的刘宇宁成功地接到了许多广告代言，其中不乏一些知名品牌的代言，如图 8-2 所示为刘宇宁代言乐事的宣传海报。广告代言多，又有不少是知名品牌，刘宇宁的广告代言收入相当高。

图 8-1　"摩登兄弟"的抖音个人主页

图 8-2　刘宇宁代言乐事的宣传海报

8.1.2　卖服务：只要内容有价值就有用户为你付费

这里的服务，指的是对方通过购买你的时间来解决他的问题。比如，我提供一对一咨询的服务，就是为了解决粉丝在人设定位和拍摄方向的问题。如果你是营销推广类的抖音号，你就可以推出提供营销推广的服务，给客户提供一套品牌曝光的方案。如果你是穿搭类的抖音号，你就可以推出个性穿搭方案，帮助客户变得更美。

如图 8-3 所示为某抖音号的相关界面，可以看到该抖音号就是通过提供运作方案和相关教材服务的方式进行变现的。

图 8-3　通过提供服务进行变现

8.1.3　卖课程：用精彩课程吸引感兴趣的精准粉丝

如果你在某个领域有一定的经验，就可以卖自己录制的线上课。例如，你是做销售技巧类的账号，就可以做一套如何让销售业绩翻倍的系列课程；你是做塑形瘦身类的，就可以做一套如何边吃边瘦的课程；你是做亲子育儿类的账号，就可以做一套如何培养孩子独立性或者高情商的课程。

对于部分自媒体和培训机构来说，可能自身无法为消费者提供实体类的商品。抖音短视频平台的主要价值是不是就是积累粉丝，进行自我宣传的一个渠道呢？

很显然，抖音短视频平台的价值远不止如此，只要自媒体和培训机构拥有足够多的干货内容，同样是能够通过抖音短视频平台获取收益的。比如，可以在抖音短视频平台中通过开设课程、招收学员的方式，借助课程费用赚取收益。

如图 8-4 所示为某抖音账号的商品橱窗界面，可以看到其界面列出了歌唱教材，而抖音用户只需点击进入，便可购买对应的教材。很显然，这便是直接通过开设课程、招收学员的方式来实现变现的。

图 8-4　通过开设课程进行变现

8.1.4　卖产品：围绕产品以软广的形式植入内容

在抖音中主要有两种卖产品的形式：一是销售自己店铺的产品，直接赚取收益；二是通过帮人卖货，赚取佣金。接下来笔者就分别进行说明。

1. 销售自己店铺的产品

抖音短视频最开始的定位是，一个方便用户分享美好生活的平台，而随着商品分享功能、商品橱窗功能等的开通，抖音短视频开始成为一个带有电商属性的平台，并且其商业价值也一直被外界所看好。

对于拥有淘宝等平台店铺和开设了抖音小店的抖音运营者来说，通过自营店铺直接卖货无疑是一种十分便利、有效的变现方式。抖音电商运营者只需在商品橱窗中添加自营店铺中的商品，或者在抖音短视频中分享商品链接，其他抖音用户便可以通过点击链接来购买商品，如图 8-5 所示。而商品销售出去之后，抖音电商运营者便可以直接获得收益了。

2. 帮他人卖货赚取佣金

抖音短视频平台的电商价值快速提高，其中一个很重要的原因就是随着精选联盟的推出，抖音用户即使没有自己的店铺，也能通过帮他人卖货赚取佣金。也就是说，只要抖音账号开通了商品橱窗和商品分享功能，便可以通过引导销售获得收益。

图 8-5　通过点击链接来购买商品

当然，在添加商品时，抖音电商运营者可以事先查看每单获得的收益。以女装类商品为例，抖音电商运营者可以直接搜索女装，查看相关产品每单可获得的收益。如果想要提高每单可获得的收益，还可以点击"佣金率"按钮，按照每单可赚取的收益排列商品，如图 8-6 所示。

图 8-6　添加商品时查看每单的收益

商品添加完成之后，抖音电商运营者便可以通过其他用户点击商品橱窗中的商品或短视频的商品链接，购买商品，按照显示的佣金获得收益了。佣金获取之后，只需进行提现操作，便可以拿到收益了。

8.1.5 做微商：把抖音用户转化到社交软件中变现

微商与电商的运作差别不大，只不过导流平台不同，前提是都要有自己的产品。微商变现主要是把抖音用户引导到社交软件中进而产生变现，具体操作方法可分为内容引导（不建议做，危险系数高）、个性签名挂号、评论引导、直播引导等。

将抖音用户引导至社交软件之后，接下来，便可以通过将微店产品链接分享至朋友圈等形式，对产品进行宣传，如图8-7所示。只要用户点击链接购买商品，微商便可以直接赚取收益了。

图8-7 微信朋友圈宣传产品

8.1.6 开直播：通过直播获取礼物和引导产品销售

现在电商直播也是提高卖货量的一个功能，只要你的作品上热门了，你就要抓住机会开直播卖货。会有许多对你感兴趣的人进入直播间，听你推荐自己的产品。

1. 直播变现

对于在那些有直播技能的主播来说，最主要的变现方式就是通过直播来赚钱。开直播变现主要有两种形式，一是获取粉丝礼物；二是引导产品销售。下面笔者就来分别进行说明。

1) 赚取粉丝礼物

粉丝在观看主播直播的过程中，可以在直播平台上充值并购买各种虚拟的礼物，在主播的引导或自愿的情况下送礼物给主播，而主播则可以从中获得一定比例的提成以及其他收入。

这种变现方式要求人物 IP 具备一定的语言和表演才能，而且要有一定的特点或人格魅力，能够将粉丝牢牢地"锁在"你的直播间，而且还能够让他们主动为你花费钱财购买虚拟礼物。

直播在许多人看来就是在玩，毕竟大多数直播都只是一种娱乐。但是，不可否认的一点是，只要玩得好，就能把钱给赚了。因为主播们可以通过直播，获得粉丝的打赏，而打赏的这些礼物又可以直接兑换成钱。

当然，要通过粉丝送礼，玩的同时就把钱赚了，首先需要主播拥有一定的人气。这就要求主播自身要拥有某些过人之处，只有这样，才能快速积累粉丝数量。

其次，在直播的过程中，还需要一些所谓的"水军"进行帮衬。如图 8-8 所示为粉丝给主播送礼物的相关界面，在画面中，粉丝都是扎堆送礼物的。之所以会出现这种情况，"水军"的作用是功不可没的。

图 8-8　粉丝给主播送礼物的相关界面

这主要是因为很多时候，人都有从众心理，所以，如果有"水军"带头给主播送礼物时，其他人也会跟着送，这就在直播间形成了一种氛围，看直播的其他受众在影响之下，也跟着送礼物，因为觉得不好意思，或是觉得不能白看。

2) 引导产品销售

通过直播，主播可以获得一定的流量。如果抖商能够借用这些流量进行产品销售，让受众边看边买，直接将主播的粉丝变成店铺的潜在消费者。相比于传统的图文营销，这种直播导购的方式可以让用户更直观地把握产品，它取得的营销效果往往也要更好一些。

一场成功的购物直播是需要策划的，直播前，大致可以从三个角度进行准备。

一是提前做好内容策划，也就是主播的主题。主题的策划要与你的商品相关，也可以结合节日热点来策划，总之，你的主题要让别人知道，以及你的直播能给别人带来的好处。

二是预热和物料准备。确定了直播主题，有经验的主播会在正式直播卖货前进行预热，因为直播前的预热对直播转化的效果十分明显。这里的预热分为视频预热和活动预热。

视频预热就是提前拍摄一些与产品相关的视频。例如，拍摄你挑选带货产品的全过程，也可以拍摄该商品的生产过程，甚至你和商家砍价的过程都可以拍等；然后是活动预热，你发完视频后，可以在评论区引导用户互动，提前把产品免费送给点赞最多的粉丝使用，然后在签名或者直播的时候提前告知直播卖货时间。

另外，在直播前期除了直播背景的布置和商品链接的准备，还要准备好展示商品所用的道具以及提前了解商品底价清单和库存数量。在准备前，可以拉一个所需清单，完成一项打一个钩，避免遗漏。

三是熟知商品卖点。直播卖货本质是货，即使粉丝对你再信任，如果你所推的商品对方不需要，即使喊破喉咙也卖不动。所以，大家在直播前一定要了解商品的所有信息，除了商品的价值和卖点外，还可以挖掘商品背后的故事。

举个例子，你卖的是一款粉底液，那么直播的时候就可以告诉大家你是怎么发现这款粉底液的，以及你使用这款粉底液前后的感觉等。有时候讲故事比直接讲卖点更打动人心，当然两者最好结合起来。

如图 8-9 所示为某购物直播的相关界面，受众在观看直播时只需点击下方的按钮，即可在弹出的菜单栏中看到直播销售的商品。

如果受众想要购买某件商品，只需点击该商品后方的"去看看"按钮，便可进入该商品的详情界面，进行商品的选购，如图 8-10 所示。

当然，你选择的产品也需要进入抖音内容库，而且要与你抖音直播链接的商品保持一致，否则也会引发抖音的警告。

毕竟抖音要对商品的质量负责，不是所有的产品都能在直播的时候卖，一定要与你上架橱窗的产品保持一致才可以。

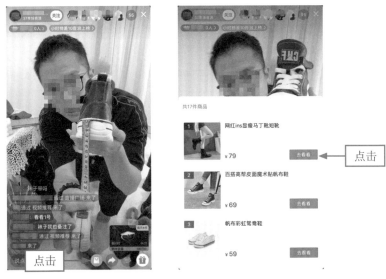

点击

点击

图 8-9 某购物直播的相关界面

图 8-10 某商品的详情和选购界面

2. 直播技巧

直播中，有一些技巧需要大家掌握。

(1) 不要贪心。确定卖货 5 分钟，1 秒都别多卖，说话要算数。

(2) 适当表演。哪怕是一些套路，尽量让粉丝感觉到你是站在粉丝这边，在为他们谋利。

（3）学会拒绝。有的粉丝没抢到，会要求重挂购物车，在这个时候你要学会拒绝，因为好产品都是限时限量的。

（4）伺机返场。如果现场反响强烈，集体要求返场，可以假装打个电话试试，但不保证成功，其实一定会成功的。

（5）评论互动。现在神评论已成为短视频平台的巨大看点之一，评论里也是五花八门，什么问题都有，如果能从评论中找到用户感兴趣的话题，就可以展开讲述，甚至可以像聊家常一样咨询粉丝对于选品的意见。

总而言之，在直播中，要营造秒杀的氛围，把控直播间卖货的节奏，惜时如金。

3. 直播原则

在直播卖货时应该遵循以下三个原则。

（1）足够热情。为什么快手上卖货那么疯狂？普通几万粉的素人，一场直播卖几十万元很轻松，最主要的原因就是主播足够热情，能够给别人营造出一种朋友的感觉。

一个充满热情的人，运气往往不会差，因为粉丝也喜欢和接地气的主播打交道。只要你要能激发粉丝的情绪，粉丝就很容易为你付费。所以，大家在直播的时候一定要调动起自己的能量，做一个积极阳光的主播，这样才会获得更多粉丝的追随。

（2）不割韭菜。众所周知的"口红一哥"李佳琦，有一次直播卖某品牌化妆品，发现该品牌给另外一个头部网红薇娅的出货价格，比给自己的还要便宜5元钱。于是他就让粉丝集体退款，而且还向公司的同事说，从此以后封杀这个化妆品牌。要知道该品牌是给李佳琦团队制作费和销售返点的，那李佳琦为什么为了区区5元钱差价就跟品牌闹翻脸呢？

其实原因很简单，因为李佳琦要向粉丝营造出他这里卖的是全网最低价，不把粉丝当成韭菜是他卖货的最大宗旨。也正是因为这次退货事件，让粉丝对李佳琦的信任度又提高了一个台阶。所以，大家在卖货的时候，除了保证产品质量外，还要给到粉丝更多实在的福利，要让对方感觉在你这里占到了便宜，这样才能促成用户快速下单。

（3）固定直播。很多主播在卖货的时候是随缘直播，自己有时间就播，没有时间就不播。在直播界就是这样，大家都在抢占用户的时间，如果你不能固定你的直播时间，经常三天打鱼两天晒网，那久而久之粉丝就会淡忘你。所以，一定要固定你的直播时间，哪怕每天只固定1小时，就算再忙你不卖货，在路上只和用户闲聊，这也是一种和用户增进感情的方式。

如果能把你的时间固定下来，用户就会感觉你是他的情感寄托，如果每天不和你打个招呼，就总感觉缺点什么。这就是陪伴的力量。如果你实在没有时间，就保证至少每周要有固定的直播时间，让粉丝在那个时间段第一时间能看到你。

4. 好主播要满足的条件

成为一个好的主播需要满足哪些条件呢？一共有六点。

(1) 有耐力，可以撑得住高频次高时长的直播（李佳琦每天至少直播 6 小时以上，365 天做了 389 场直播）。

(2) 会撩粉，能跟直播间粉丝进行愉快的互动（千万不要端着架子，一定要进行唠嗑式销售）。

(3) 拉人气，能不断地跨平台吸粉，提高直播间播放量（多渠道曝光，增加粉丝关注）。

(4) 够专业，专业化的介绍和推荐能让粉丝信服（做自己喜欢和适合的领域，只有这样，你才有可能成为专家）。

(5) 会选品，对商品有不错的眼光，能拓展新品类（选好商品，卖货就能水到渠成）。

(6) 促成交，懂平台直播规则，有销售转化的技巧和话术（任何转化其实都是有套路的）。

5. 直播成交话术技巧

关于直播时候的成交话术，在这里介绍一些常用的直播话术技巧：直播间常用的八种话术建议。

1) 欢迎话术

欢迎话术 1：传达直播内容

"欢迎 ××× 来到我的直播间，很多人说因为我的歌声 / 舞姿 / 幽默感留下来的，你也是吗？"

欢迎话术 2：解读观众名字

"欢迎 ××× 进入直播间，咦～这名字有意思 / 套路好深啊！"

欢迎话术 3：找共同点

"欢迎 ××× 进来捧场，看名字应该是老乡 / 喜欢旅游 / 玩 ×× 游戏的，是吗？"

欢迎话术 4：蓬荜生辉

"欢迎 ××× 的到来，我直播间少有的这么高等级的号，蓬荜生辉呀！"

欢迎话术 5：感动话术

"欢迎 ××× 回来，每一场直播都见到你来，特别感动，真的。"

2) 播报话术

播报话术 1：直播时间预告

"非常感谢所有还停留在我直播间的哥哥们，我每天的直播时间是××点～××点，风雨不改。没点关注的记得点关注，点了关注的记得每天准时来玩哦！"

播报话术 2：才艺宣传

"新进来的哥哥还不知道主播是播什么的吧？我现在要宣传一波啦！你们听好了！主播唱跳俱佳，擅长××类型的歌，喜欢跳古典/爵士/民族舞。现在给各位表演一段，希望礼物不要停。"

播报话术 3：个人宣传

"我是一个明明可以靠颜值吃饭但偏偏还要唱歌唱到肺裂/跳舞跳到腿断的小主播，感谢你们欣赏我的直率，包容我的粗心，认可我的努力。我希望你们都能一直陪我成长起来，我会记住，会努力，会坚持。"

播报话术 4：希望粉丝得到什么

"我做直播呢，除了想得到别人的认可之外，也希望大家在我的直播间能够在忙碌完一天之后得到片刻放松，麻木了一天之后真正笑一次，跟一群汉子待一天之后能找到一个还算懂事的小姐姐说说话。点关注的哥哥们，谢谢你们的认可。"

3) 感谢话术

感谢话术 1：数礼物数量

"感谢××哥送的 100 个掌声，还没停吗？150 个了，200 个了。哇！炫迈牌的掌声完全停不下来！非常感谢。"

感谢话术 2：终于给我刷了

"感谢××的大跑车，来看我那么多次了，终于给我刷了。是我的美貌让你忍不住出手的吧？肯定是，不接受反驳！"

4) 下播话术

下播话术 1：谢榜谢陪伴

"感谢今天的榜首×××，榜二×××，榜三×××。谢谢你们的礼物，特别开心。虽然×××没有陪到我下播的时候，但百忙之中抽时间过来实属难得。感谢所有送我礼物的哥哥，×××，×××(榜单上的一一点名就行)。明天早餐可以多吃一个鸡蛋了！另外，很多人从我一开播就来了，一直陪着我下播，比如×××，×××(各种点名)。陪伴是最长情的告白，你们的爱意我收到了。"

下播话术 2：直播预告

"今天的直播接近尾声了，明天晚上××～××同样时间开播/明天会提早一点播，××就开播了，各位奔走相告吧！/明天休息一天，大家放假啦！后天正常开播。"

下播话术 3：最后的祝福

"最后一首歌《××××》，唱完下播，希望大家睡个好觉做个好梦，明天是新的一天，好好工作，晚上我们再聚。当歌声响起的时候就是各位哥哥清币、清仓库的时候啦！"

下播话术 4：总结

"今天一共 ×× 万音浪，新增粉丝团成员 ×× 个，涨了 ×× 个关注，比预计的少了一点，我要更努力一点才行了。"

5) 发问式话术

"我给大家唱首歌好不好？你们是不是想找个像我一样的女朋友？你们有没有玩王者荣耀？"

这类型的发问式话术的答案只有肯定或者否定，观众打一个或两个字就能发言了，能够有效提高观众的参与积极性。

6) 选择性话术

"想听《×××》的刷 1，想听《×××》的刷 2。""换左手这一套衣服的刷 1，右手这一套的刷 2。"

这类型的话术就是给观众抛一个选择题，答案 ABCD 都可以，发言成本很低，能够迅速让观众参与到直播互动里。

7) 节奏型话术

"觉得主播跳得好看 / 唱得好听的刷波 666。"

"刷波 520 让我感受一下你们的热情。"

这类型的话术就是要观众灌水发言而已，让新进来的游客看到直播间很活跃，很好奇为什么那么多人刷 666，主播到底表演了什么？这就是带节奏。

8) 冷场时的话术

有时直播间没人发言了，又不太适合再用上面提到的话术，这时就需要主播重新激活房间里的人了。你可以用类似下面的话：

"喂！有人在吗？我是不是卡了，都看不到你们说话了。"（配合夸张的表情、语气和动作。）

"最怕空气突然安静，最怕朋友突然的消失～～（唱出来），你们为何如此安静？是因为我要凉凉了，你们给我默哀吗？"

8.2　变现内容：抖音平台上最容易变现的内容

什么样的内容容易变现？这一节笔者要给大家推荐抖音平台上最容易变现的内容，帮助大家把产品卖到脱销。

8.2.1 好物推荐：抖音种草号的内容

这类指的是抖音种草号，有不少玩抖音的朋友被种草号的内容所吸引，然后激发出了你的需求。尤其是有很多人在留言评论区都在说已下手的时候，你一看也没多少钱，就情不自禁地剁手了。

做这类的视频，需要具备良好的选品眼光，就是你要知道哪些产品能够受人喜欢，并且是人人都用得着、买得起的产品。在做之前，你要先思考，你要做什么品类的产品。总之，你选的产品方向，一定是越垂直越好。例如，推荐服装类、玩具类或者生活类产品等。

做种草号，好的产品是基本。如果你拍的内容再好，但是选择的商品不符合用户需求，那么作品就算有再多人看也白搭，没有销售转化的内容就是在耍流氓。因为做种草号的目的就是赚钱。

抖音产品选择有七个原则，分别是新、奇、特、展、利、品、高。我们先说新、奇、特。这里的"新"，指的是新鲜感，用户很少见；"奇"指的是有创意，让用户感到意外；"特"指的是特别，完全颠覆了用户的固有常识。

抖音上卖的大部分爆款商品，都符合"新""奇""特"原则。例如，如图 8-11 所示的短视频中展示的游戏手机壳，就是我们生活中比较少见的，而且是让人感觉很有创意的产品。因此，许多抖音用户在看到该短视频之后，马上就对短视频中的游戏手机壳心动了。

图 8-11　展示游戏手机壳

"展"指的是容易用视频展示商品的使用场景；这点很重要，你在选择商品的时候，要思考你能不能把它的特点和优点展现出来，如果不能展现出来的话，是很难打动用户的。

"利"指的是利润，我们做种草号一定是追求利润最大化，所以我们在选择商品的时候，除了看这个商品的佣金外，还要看这个商品的往期销量。

另外，在抖音上不适合卖高客单价的商品，只要入手价格超过 60 元，销售转化率就会特别低，也就是说买的人会特别少。因为大家都不是傻子，只要价格一高，就一定会去别的平台比价。如果真的有需要，也肯定是在其他平台成交，而不会选择在抖音里购买。

"品"指的是品质，这是一个好商品的及格线。你挑选的商品质量一定要过关，不能以次充好。大家在挑选商品的时候，一定要先看评价，如果评价比较差，即使佣金再高，你也不能卖。因为这是关于一个做人标准的问题，而且也直接影响着用户的信任度。我们不能消耗抖音用户的信任，毕竟我们要做长期的生意。

"高"也就是高频刚需的产品。为什么宝洁公司可以屹立一百多年不倒，成为全球最大的日常消费品公司，因为飘柔、舒肤佳等品牌商品对用户来说都极其高频刚需，这些高频刚需的商品往往售价低廉，一旦商品展示中有能戳中用户的点，用户就很容易做出购买决策。

最后，总结两个选品技巧：一是你选产品的时候一定要先参考同行数据，看他们此类产品销量如何，卖得好一定是有原因的，然后你就要快速跟进，做出差异化的内容。二是你选择的产品，一定要满足新、奇、特。什么意思呢？就是推荐的产品最好是大家市面上比较少见，而且感觉非常特别，如果是人人都能在街边买到的东西，那你就不要推荐了。

8.2.2　产品测评：能立马变现的内容

这类指的是测评类账号，例如，抖音头部"老爸测评"这个千万级别的账号，就是挑粉丝感兴趣的产品，主要测试效果、成分、质量和性价比等，并在测试的同时，为抖音用户提供安全、放心的产品，如图 8-12 所示。

当然，我们不必像"老爸测评"那样做得那么专业，可以选择一些大号们还没有测评的领域。比如，可以测评线上课，看课程的收获以及知识点是否丰富等。这里要向大家提示一下，测评原则讲究的是保持中立的态度，通过你使用的真实感受，它好就是好，不好就是不好，你一定要客观中立。

图 8-12　"老爸测评"发布的短视频和相关商品详情

8.2.3　做好这几步让你的产品卖脱销

众所周知，抖音火了，不仅留住了抖友们的时间，还有意或无意地成为带货小能手，打造了很多爆款。这波黑洞般的带货能力连卖家都猝不及防，没有一点点防备，产品莫名其妙就卖到脱销。

"抖音同款"四个字俨然已成为淘宝上的大 IP，千奇百怪的同款搜索多到你都怀疑人生。之所以人家的产品卖脱销，最核心的秘诀就是我们常说的一个词——"网红基因"。那究竟做好哪几步才能让我们自己的产品能够和抖音同款一样，成为爆款、卖脱销呢？笔者认为主要有以下四步。

第一步，打造专属场景互动

打造专属场景指的是在熟悉的场景，利用社交媒体进行互动。例如，在吃海底捞的时候，有网友自创网红吃法。像自制调料、自制锅底、DIY 涮菜什么都有。如图 8-13所示为"海底捞"话题的相关页面，可以看到其短视频的播放量达到了 38 亿，很多短视频动不动就拿下上万个点赞。

在抖音的传播下，海底捞那段时间的营业额瞬间翻了好几番，就是现在还有人去海底捞专门让服务员点网红套餐。这一点，大

图 8-13　"海底捞"话题的相关页面

家可以根据自己的产品，在粉丝熟悉的场景自己制作一些互动视频，如果没有，也可以找一些合适的热点来蹭。

第二步，你的产品要简单实用

抖音上有一款 99 元包邮的网红薄饼机也被种草很久，手残党用上它也能快速做出一张薄如蝉翼的饼。视频中在薄饼机上沾上面糊翻转过来，只需等一会儿，饼就烙好了，非常方便。于是该薄饼机很快就受到了抖音用户的欢迎，其中一家店铺的销量更是超过了 4 万台，如图 8-14 所示。

图 8-14　薄饼机的短视频和商品详情页面

有了这个机器，像我这种摊饼无能人士也能分分钟做出大师级水准，很多对生活品质有要求的懒人一族看到这款产品都抢疯了。自己的产品，如果符合这一点，就可以在视频中展示使用过程，将简单实用体现出来。

第三步，制造传播的社交货币

这是什么意思呢？很多产品爆火的背后，并不是因为它的实用价值，而是因为它具备社交属性。例如，曾经在网上卖得断货的小猪佩奇手表。它的爆火是因为这个手表比其他手表质量更好、更好用吗？不是。是因为"小猪佩奇身上纹，掌声送给社会人"这句话让我和别人不一样，这款手表让我有了身份认同感和更多的谈资。

所以，大家在传播自己产品的时候一定要有意识地打造属于产品的社交货币，让你的产品能够帮用户贴上更多无形的标签，这样你的产品才能得到更多传播和认同。

第四步，你的产品性价比要高

这一点比较好理解，你的产品除了质量过硬外，价格还要亲民，你注意看所有爆款的产品，价格都不会太高。这主要是因为再好的东西，消费者也会货比三家。如果你卖的价格比较便宜，性价比高，消费者自然会选择你的产品。

如图 8-15 所示为两家店铺的红心猕猴桃的相关页面，可以看到，同样是 5 斤的重量，其中一家店铺的价格是 26.8 元，另一家店铺的价格却达到了 63 元。面对如此大的价格差距，大部分消费者都会选择价格相对较低的这家店铺来购买，而这两家店铺的红心猕猴桃销量也很好地说明了问题。

以上四步就是让你的产品卖脱销的核心秘诀。如果你自己有产品，思考一下你的产品以上四步该如何体现和打造。如果没有产品的朋友，你也不用担心，思考一下市面还有哪些产品符合上面的四步。

图 8-15　两家店铺的红心猕猴桃

8.3　视频卖货：通过抖音卖货变现的五大形式

抖音正在逐步完善电商功能，对于抖音电商运营者来说是好事，这意味着我们能够更好地通过抖音卖货来变现。本节总结了一些抖音平台的视频卖货形式，希望能对各位抖商运营者的变现有所助益。

8.3.1　抖音橱窗卖货

开通商品橱窗功能之后，抖音电商运营者就可以在商品橱窗中添加商品，直接进行商品销售了。此前，抖音商品橱窗开通之后，需要添加 10 个商品，否则商品橱窗功能将被收回。现在要求放宽了，抖音电商运营者开通抖音橱窗之后，只需添加一个商品即可。

商品橱窗除了会显示在信息流中外，还会同时出现在个人主页中，方便用户查看该账号发布的所有商品，如图 8-16 所示。

图 8-16　抖音商品橱窗示例

在 2019 年年初，抖音对于橱窗的申请条件还是很苛刻的，至少需要 1000 个以上粉丝，才有可能获得商品橱窗权限。可是现在，只要满足两个条件便可以开通商品橱窗功能了。

第一个条件：你需要在抖音中进行实名认证，也就是需要绑定你的身份证。如果实名认证的抖音号已经被限流封号或者想重新再换号做种草的人，可以让身边的亲朋好友配合下，做一个实名认证。如果你的账号曾经涉嫌严重违规，被抖音官方封号了，不但需要换一个身份证认证，还需要重新换一部手机和手机卡，因为抖音封号是封全套。

第二个条件：你必须发满 10 个作品，这 10 个作品还不能随便发，一定要精心准备，否则，即使你发了 10 个作品，就算以上两个条件都满足，也不一定能获得商品橱窗权限，因为抖音会根据你的内容判断你目前还不具备做电商的能力。

所以，在发布前 10 个作品的时候一定要认真对待，不要随便拍点内容就发出来。如果实在不知道发什么的话，笔者给大家一个在短时间内就能做出 10 个优质作品的绝招：如果你不打算真人出镜，可以在快手、微视、美拍和秒拍这样的短视频平台找 10 个与商品相关的视频，后期进行剪辑处理，然后发布到自己的抖音号上。

另外，搬运也是有技巧的，现在大部分优质达人的作品已经上传到抖音了，所以建议大家可以在其他短视频平台找作品拍得还不错的素人。因为他们的粉丝只有几百，自己就是随便玩玩而已，大多数都还没有在抖音上传过自己的作品。

千万不要选择抖音上已有的视频搬运，你要在上传这个作品之前，在抖音上搜索这个视频的相关信息，查看有没有原视频在抖音上出现过。如果别人上传过，你再上传一遍，如果后期剪辑处理得不明显，就很容易被抖音检测到搬运。

在这里，笔者并不是鼓励大家搬运，而是针对少数情况特殊的人。如果你前期实在不知道要拍什么，又担心抖音不给你商品橱窗权限，你才可以使用跨平台搬运的策略。毕竟搬运有风险，所以大家前 10 个作品尽可能原创。

另外，之前入驻抖音商品内容库，需要设置至少 20% 的佣金，现在规则有所调整：不同的商品，要求设置佣金比例也不一样，部分类目的商品已经调低了，但是大多数还需要设置原来的 20% 佣金。抖音电商运营者在卖货时，只需根据具体情况进行选择即可。

8.3.2　信息流产品植入

抖音电商运营者可以在抖音信息流广告中插入链接，通过视频内容营销，吸引粉丝点击，直接跳转到淘宝、京东等网店或者电商功能界面，用户可以直接下单购买相应的产品或服务，一站式地完成店铺的引流和转化，如图 8-17 所示。

这种卖货玩法的操作比较简单，抖音电商运营者只需要开通一个抖音 AD 广告，并充值广告费，即可在抖商信息流中推广自己的店铺产品。

当然，还有一些基本要求，包括企业营业执照、商标证书或授权、淘宝企业店或者天猫店等网店渠道。同时，抖音后台会自动统计流量数据，如展现量、点击量、点击率等，抖音电商运营者可以根据这些数据来优化调整广告计划出价。

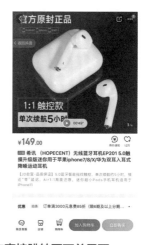

图 8-17　信息流广告直接跳转至下单界面

8.3.3　淘宝链接卖货

如果抖音运营者分享的商品是淘宝链接，其他抖音运营者便可前往对应的链接地址购买商品，而商品的成交也将在外链店铺中完成。具体来说，当抖音电商运营者在短视频中插入淘宝链接之后，抖音用户可以通过以下操作购买商品。只要抖音用户购买了商品，抖音电商运营者便可以获得一定的收益。

步骤01 抖音用户登录短视频 App，点击视频中分享的商品购买链接，如图 8-18 所示。

步骤02 进入商品详情界面，在该界面中抖音用户可以查看商品的相关信息，如果确定要购买该商品，只需点击"去淘宝购买"按钮即可，如图 8-19 所示。

图 8-18　点击视频中分享的商品购买链接

图 8-19　商品详情界面

步骤03 操作完成后，出现跳转至淘宝平台的来界面，如图 8-20 所示。

步骤04 进入淘宝商品详情界面，点击"立即购买"按钮，如图 8-21 所示。

步骤05 操作完成后，弹出商品购买对话框。在对话框中选择需要购买的产品信息，点击"确定"按钮，如图 8-22 所示。

步骤06 进入"确认订单"界面，抖音用户只需点击"提交订单"按钮，并支付对应的购物款项，就可以成功下单了，如图 8-23 所示。

需要特别注意的是，如果抖音用户没有下载手机淘宝 App，系统会跳转至App 下载界面，抖音用户只有下载完 App，并且登录 App 账号，才能继续进行购物。

图 8-20　跳转至淘宝平台

图 8-21　淘宝商品详情界面

图 8-22　弹出商品购买对话框

图 8-23　"确认订单"界面

8.3.4　抖音小店卖货

抖音不仅拥抱淘宝加快内容电商，还上线抖音小店，打造自己的卖货平台。而自从抖音打通淘宝开始，眼尖的"抖商"便迅速占领这片沃地，收割第一批红利了。

抖音小店对接的是今日头条的放心购商城，用户可以从抖音帮助页面进入入驻平台，也可以通过 PC 端来登录，注意要选择抖音号登录。要想开通抖音小店，需要先了解开通抖音小店的流程。具体来说，开通抖音小店的一般流程如下。

步骤 01 在浏览框中搜索"值点商家后台"，进入如图 8-24 所示的官网界面，并选择登录方式。这里笔者以今日头条账号登录为例进行说明。

图 8-24 "值点商家后台"界面

步骤 02 操作完成后，进入如图 8-25 所示的"手机号登录"界面。在该界面中输入手机号码和验证码，点击下方的"登录"按钮。

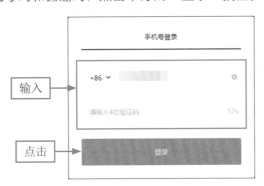

图 8-25 "手机号登录"界面

步骤 03 进入业务类型选择界面，选择抖音小店的业务类型。抖音电商运营者只需点击对应类型下方的"下一步"按钮即可。这里以小店商家为例进行说明，如图 8-26 所示。

步骤 04 操作完成后，进入如图 8-27 所示的入驻类型选择界面，在该界面中按照需求点击对应的入驻方式下方的"下一步"按钮。这里就以个体工商户入驻为例进行说明。

步骤 05 操作完成后，进入如图 8-28 所示的入驻店铺类型选择界面，选择入驻店铺的类型，点击界面下方的"下一步"按钮。

图 8-26　业务类型选择界面

图 8-27　入驻类型选择界面

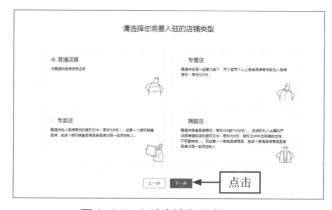

图 8-28　入驻店铺类型选择界面

步骤06 进入入驻前需要准备的材料界面，如果准备好了资料，便可点击下方的"准备好了，开始填写"按钮，进行店铺入驻，如图 8-29 所示。

图 8-29　入驻资料准备界面

步骤07 进入信息填写界面，抖音电商运营者只需按要求填写主体信息和入驻信息，如图 8-30 所示，并通过抖音的审核，便完成入驻了。

抖音小店是抖音针对达人内容变现推出的一个内部电商功能，通过抖音小店无须再跳转到外链去完成购买，直接在抖音内部即可实现电商闭环，让达人们更快变现，同时也为用户带来更好的消费体验。

图 8-30　信息填写界面

8.3.5　H5 店铺卖货

抖音企业号可以在个人主页中设置一个外链跳转按钮，用户点击后可以直接跳转到 H5 店铺页面，完成下单购买。下面就来简单地介绍抖音用户通过跳转至 H5 页面，购买商品的具体操作步骤。

步骤 ① 登录抖音短视频 App，点击抖音账号个人主页中的网址链接，如"优衣库 UNIQLO"中的"官方网站"，如图 8-31 所示。

步骤 ② 因为是通往站外的 H5 页面，所以，当抖音用户点击这一类链接时，会出现带有警告性的文字："非抖音短视频官方网址请谨慎访问，以免上当受骗造成损失"。如果抖音用户确定前往，点击"继续访问"按钮即可，如图 8-32 所示。

图 8-31　点击"官方网址"按钮

图 8-32　点击"继续访问"按钮

步骤 ③ 操作完成后，进入优衣库官方网页，如图 8-33 所示。

步骤 ④ 选择需要购买的商品，如图 8-34 所示。

步骤 ⑤ 进入商品详情界面，点击下方的"立即购买"按钮，如图 8-35 所示。

步骤 ⑥ 进入商品选购界面，选择商品的颜色、尺码等信息，点击下方的"确定"按钮，如图 8-36 所示。

步骤 ⑦ 如果抖音用户是第一次通过抖音中的链接进入该网址购物，还需要输入手机号、验证码等进行登录。如果还未注册该平台的账号，可以点击"注册"按钮进行注册，如图 8-37 所示。

步骤 ⑧ 进入注册界面，输入手机号，勾选"我已阅读并同意《注册用户协议》和《优衣库隐私政策》"复选框，点击"下一步，验证手机号"按钮，如图 8-38 所示。

图 8-33 优衣库官方网页

图 8-34 选择需要购买的商品

图 8-35 点击"立即购买"按钮

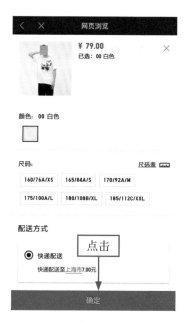

图 8-36 点击"确定"按钮

图 8-37　"登录"界面　　　　　图 8-38　"注册"界面

步骤 ⑨ 根据要求进行手机号的验证，验证完成后便可登录优衣库官网。账号登录后，进入收货地址设置界面，设置收货地址，如图 8-39 所示。

步骤 ⑩ 重新选择商品，在商品选购界面选择商品颜色、尺码等信息，并点击"确定"按钮后，即可进入如图 8-40 所示的订单明细界面。点击"订单明细"界面的"提交订单"按钮，并支付对应的金额，便完成下单了。

图 8-39　设置收货地址　　　　图 8-40　订单明细界面

相比于直接在抖音平台内完成购买，通过 H5 店铺外链购买商品无疑要麻烦许多。再加上跳转至外链时会出现非抖音官方网站的提醒，让人觉得进入外链可能会存在风险。因此，大多数用户并不会直接通过 H5 店铺外链购买商品。

而抖音电商运营者需要做的是，在 H5 店铺页面中想办法增加抖音用户的购买意愿，要让抖音用户觉得，你的商品购买起来虽然麻烦一点，却是值得购买的。

第 9 章

抖音规则：这些红线千万不能踩

学前
提示

俗话说：没有规矩，不成方圆。抖音作为一个拥有大量用户的平台，如果没有一定的规矩或者规则，那么整个平台必定会变得一团糟。

正是因为如此，抖音制定了一些规则。在抖音的运营过程中，电商运营者一定要遵守这些规则，有些红线千万不要踩，不然可能会造成严重的后果。

要点展示

- 让人上瘾：抖音不为人知的几点秘密
- 双重审核：抖音筛选视频内容的门槛
- 在抖音小心这些行为，容易触线和违规

9.1　让人上瘾：抖音不为人知的几点秘密

笔者想问大家一个问题，在抖音刚出来的时候有没有过这种情况：看了抖音之后觉得这里面拍的都是些什么玩意，浪费时间！卸了算了！过段时间之后，看到身边的人在玩，你又默默地下载回来。

上面这种情况有没有在你身上发生过？不只是你这样，笔者曾经也是这样的。作为一家公司的负责人，在抖音刚出来的时候，看到一群小姐姐在抖音里面各种狂魔乱舞，笔者感觉她们特别幼稚。

后来，静下心来了解抖音之后，笔者放下了心中的偏见，开始觉得抖音里有很多人才。抖音究竟有什么样的魔力，让我们卸载后又安装呢？

其实真正拉你入坑的，或许不是抖音，而是"你的焦虑感"，因为我们谁都不愿被时代抛弃。

抖音从正式上线到现在，不到 3 年时间，日活已经达到了 2.5 亿，随着 5G 的普及，还会持续地增长。增长如此迅速，抖音究竟是如何让我们上瘾的呢？接下来笔者就带你了解抖音不为人知的几点秘密。

9.1.1　全屏幕式的沉浸体验

一进抖音界面，短视频直接霸屏整个手机，取消了其他产品常见的条框，也相当于隐蔽了窗口。当短视频为横屏时，采用了黑色背景，近似于电影院熄灯后的密闭空间。

排除其他干扰，让你尽可能沉浸其中。这样一来，你的世界里只有抖音，连手机上的其他 App 也不能轻易来干扰你。

类似的精心设计，还有赌场的无窗安排。在赌场，几乎看不到透明玻璃窗，甚至连磨砂玻璃窗都没有，把你和外界隔离开来，任何对客人赌博的心绪造成干扰的因素，都被排除在外。同样，在抖音这个花园迷宫，进去容易出来难。

9.1.2　下滑快速切换短视频

抖音的每个短视频内容间距非常近，你根本不需要做过多的动作，看完之后，或者遇到不喜欢的视频，上下滑动即可切换下一个，如图 9-1 所示。并且下一个内容，也是系统推送给你的。在赌场大厅，密密麻麻的都是赌桌，每张赌桌之间的距离非常近，各个出口都摆满赌博机器，要强化的就是这种赌桌的吸引力，不让你轻易离开。

刷抖音，看到不喜欢的内容，相当于这盘局势不好，输了，你不开心。只需要滑一下，说时迟那时快，你眼前迅速切换了一张新的赌桌，手里的牌也好，看上去有点意思，原先感觉有点厌倦打算起身的你，被挽留了下来。你以为是自己做出了选择，但其实仍然是那个被动接受者，一切都是被安排好的。

图 9-1　滑动换下一个短视频

9.1.3　15 秒"耳虫"音乐

抖音短视频的快速爆发，也催生了一批"抖音神曲"，我简称为"口水歌"。不少人肯定有被这些神曲洗脑的体验，大脑不受控制地循环这些旋律，随时随地在脑海里自动播放，并且伴随着抖音里的有趣画面。

这种现象有专属的学名，叫作不自觉的音乐幻想，小名就叫"耳虫"。科学研究发现，能盘踞你大脑单曲循环的音乐，往往旋律简单，回环往复，节奏轻快。

再观察抖音配乐，多为歌曲的高潮部分，极具记忆点。同时抖音上的音乐配乐有一个突出的共性——简单和重复。

这些歌曲节选出来的旋律变化简单，拥有高频的重复性，使得用户对歌曲的记忆得到强化。

同时，实验表明，耳虫现象中的音乐时长为 10 ～ 15 秒，恰好是一个配上音乐的抖音视频的长度。

一般情况下，人在情绪焦虑或者低注意力的时候，大概会出现"耳虫"现象。那么抖音的 15 秒配乐，就像一个隐形的开关。你以为是自己主动做出了打开抖音的选择，但事实上，很有可能就是抖音在操控你。

9.1.4　没有门槛，直接刺激眼球

进入抖音的首页，你都不用点击就自动播放，一上来就是热门短视频。通过

它高效的算法和标签，第一个推给你的视频，往往就能戳中你。比如：喜欢小猫的用户，看到的第一个短视频，往往就是与小猫相关的，如图 9-2 所示。

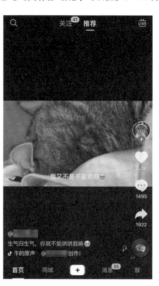

图 9-2　推荐用户想看的内容

9.1.5　无法预知的内容

全屏设计，使得用户每次都只能看到当下的内容，只要手指向上滑动，就能看下一个短视频。你无法准确猜到下一个视频究竟会是什么，这是让你无法自拔的重要原因。有时候，上下两个短视频的内容会存在着巨大的差异，你可能刚刚看完小姐姐的热舞，一滑动屏幕就会有一只萌宠出现在你面前，如图 9-3 所示。

抖音就像是一盒巧克力，你永远不知道下一个短视频是什么味道的。刷抖音上瘾的人，其实明明已经很累了，告诉自己看完这条就不看了，结果还是不受控制地想要再看一条。

这是因为大脑产生的多巴胺副作用，导致你疯狂地期待奖励、寻找奖励。过多的多巴胺让你保持在非理性的饥渴状态，没办法感受到满足，你根本停不下来，哪怕筋疲力尽。

因为不经思考和过多补偿，长此以往你的认知能力、思考能力、决策能力、自制能力都会持续下降，同时你的冲动性在逐渐加强，换句话说就是你失控了。

看完上面这五点秘密，你知道了抖音是如何让你上瘾的原理了吧。你是不是突然觉得抖音很可怕？其实任何事物都有两面性，笔者的目的就是想告诉大家，如果你也想和抖音一样受欢迎，你就必须洞察人性，只有留心观察身边的人和事，深知背后的原理，你才能借助抖音这个工具创造更大的价值。

图9-3　存在巨大差异的短视频内容

9.2　双重审核：抖音筛选视频内容的门槛

在抖音，每天都有数十万的新作品上传，如果靠机器审核容易钻空子，而且工作量也比较大，全靠人工审核显然不太现实。因此，双重审核成为抖音算法筛选视频内容的门槛。

9.2.1　第一道门槛：机器审核

机器审核一般是通过提前设置好的人工智能模型来识别视频的画面和关键词，它主要有以下两个作用。

（1）审核作品、文案中是否存在违规行为，如果疑似存在，就会被机器拦截，通过飘黄、标红等提示人工注意。

（2）通过抽取视频中的画面、关键帧，与抖音大数据库中已存在的海量作品进行匹配消重。内容重复的作品将进行低流量推荐或者降权推荐，也就是变成仅粉丝和自己可见。

9.2.2　第二道门槛：人工审核

人工审核主要集中在三块：视频标题、封面截图和视频关键帧。

针对机器审核筛选出的疑似违规作品，以及容易出现违规领域的作品，抖音审核人员会逐个进行细致审核。如果一旦被确定违规，抖音将对违规账号进行删除视频、降权通告、封禁账号等处罚。

抖音为了保证社区的可持续性，在审核这一块是非常严格的。抖音在审核视频的时候，会把视频还原成一帧一帧的图片，然后识别图片上是否有违规内容，识别准确度高达 99.5%。所以，大家千万不要抱有侥幸心理，一定要老老实实做内容。否则你包装得再好，即使前期发布成功，后续还有随机抽查审核，一旦查出违规情况，照样给你强行删除。

9.3 在抖音小心这些行为，容易触线和违规

当一个平台越做越大、传播力越来越强的时候，为了规避风险，一定会制定一些制约规则。那在抖音究竟哪些行为容易触线和违规呢？

下面笔者和大家聊聊抖音的规则，希望所有玩抖音的人都好好看看，免得一不小心踩到雷点，被抖音重置账号或者封号就得不偿失了。

9.3.1 社区自律公约

为了维护健康和谐发展的网络环境，营造风清气正的社区生态，抖音平台制定了《抖音网络社区自律公约》。该社区自律公约还被直接放在了抖音中，抖音用户只需在"设置"界面中选择"社区自律公约"选项（见图 9-4），便可进入"社区自律公约"界面，查看该社区自律公约的具体内容，如图 9-5 所示。

图 9-4 选择"社区自律公约"选项

图 9-5 "社区自律公约"界面

《抖音网络社区自律公约》主要包括三个方面的内容，即"坚持和弘扬正确的价值观""遵守共同的行为准则""承担保护未成年人的社会责任"。

"坚持和弘扬正确的价值观"主要是要求抖音用户在抖音上的行为及发布的作品必须符合正确的价值观，具体内容如图 9-6 所示。

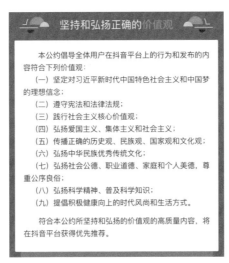

图 9-6 "坚持和弘扬正确的价值观"的相关内容

"遵守共同的行为准则"主要是对抖音用户需要遵守的一些行为规范进行了说明，具体内容如图 9-7 所示。

"承担保护未成年人的社会责任"则是从保护未成年人的合法权益出发，对相关的行为做出说明，具体内容如图 9-8 所示。

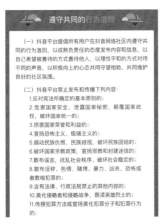

图 9-7 "遵守共同的行为准则"的相关内容

承担保护未成年人的社会责任

保护未成年人的合法权益不受侵害，抖音平台责无旁贷。平台对于任何侵犯未成年人合法权益的行为和内容，将按照"零容忍"的原则进行处理，并根据具体情况采取适当的介入措施。

（一）未成年人在抖音平台注册账户应当得到其监护人的同意。监护人可以合理方式通知抖音平台并撤回其同意，抖音平台将在收到监护人撤回同意的通知后关闭该未成年人注册的账户。

（二）抖音平台有权限制未成年人账户在抖音平台发布内容、发出或接收信息。未成年人账户被限制特定民事行为的权利，包括但不限于进行交易或付费打赏等。

（三）抖音平台禁止任何下列损害未成年人身心健康和合法权益的行为和内容：
1. 残害、虐待、体罚未成年人的；
2. 涉及实施未成年人性侵害的；
3. 展示校园欺凌的内容；
4. 其他危害未成年人人身安全和健康的；
5. 推销或演示可能危害未成年人人身安全或健康的玩具物品的；

5. 推销或演示可能危害未成年人人身安全或健康的玩具物品的；
6. 含有未成年人饮酒、吸烟、吸毒行为的内容；
7. 披露未成年人的个人隐私或有损未成年人人格尊严的；
8. 展示未成年人婚育的内容；
9. 宣扬和鼓励未成年人厌学弃学的内容；
10. 歪曲和恶搞经典卡通形象或供未成年人观看的其他文艺作品。

凡发布上述内容的抖音账户，一经发现，抖音平台将直接删除上述内容或者关闭账户。对于涉嫌违法犯罪的，抖音平台将向公安机关提供相关内容和线索，并配合公安机关的调查。

抖音平台鼓励广大用户对于侵害未成年人合法权益的行为和内容进行举报，经查证属实的，抖音平台将予以适当奖励。

（四）抖音平台将对未成年人账户设置防沉迷功能，对于账户浏览超出限定时段和时长的，将限制其使用。

图 9-8　"承担保护未成年人的社会责任"的相关内容

在笔者看来，虽然《抖音网络社区自律公约》看上去有很多条条框框，但是，既然抖音把它列出来了，而且还特意在平台中进行了展示，这就足以说明抖音对于该社区自律公约的重视程度。因此，抖音电商运营者一定要了解该社区自律公约的内容，在抖音的运营过程中尽可能地不要违反该社区自律公约的相关内容。

9.3.2　社区内容规范

对于用户发布的抖音内容，抖音做出了一些规范，具体如下。

（1）不能涉及国家领导人、公检法军、国徽国旗等形象或词语。

（2）不能借社会负面事件、热点事件、敏感事件、红歌军歌、革命烈士等进行商业营销宣传。

（3）不能涉及邪教宗教、封建迷信、反动组织等相关元素。

（4）不能涉及违法违规、低俗色情、血腥恐怖等相关元素。

（5）不能出现违反公序良俗、社会价值观的相关元素，如出轨、家暴、炫富、歧视、引战、抽烟、脏话、整蛊、恶搞、虐待等。

（6）不能出现危险行为和危险动作，如容易引发人身安全风险的内容。

（7）不能泄露和曝光个人隐私或个人信息。

（8）不能出现密集恐惧、血腥暴力、引人不适等相关元素。

9.3.3　版权法律风险

为避免存在版权法律风险，抖音做出了一些规定，具体如下。

（1）不能使用未授权的第三方的名字、Logo、形象、图片、音频、视频等

（若投放相关素材，则需要单独确认，同各线产品运营）。

(2) 不能使用抖音平台禁止出现的艺人、红人相关素材。

(3) 不可使用未授权的影视剧、综艺片段等素材。

(4) 不可搬运站内外视频。

9.3.4　未成年人相关规范

为保护未成年人的合法权益，抖音制定了相关的规范，具体如下。

(1) 未成年人不能作为代言人拍摄商业营销内容。

(2) 未成年人可参与营销视频的拍摄，但不能单独出镜。

(3) 高风险行业（食品、美妆、游戏、酒水、医疗、OTC 药品、医疗器械、皮草等）严禁出现任何未成年人相关元素。

9.3.5　内容营销规范

在进行内容营销时，抖音电商运营者也需要遵守一定的规范，具体如下。

(1) 在个人信息中不能出现联系方式、微信号、二维码、微信链接以及其他引流话术，如加微信领取优惠券、喜欢的加主页微信、招代理商和加盟商。

(2) 不可出现促销活动、商品价格、打折信息、优惠券红包、引导购买、站外平台导流等招揽信息，如 5 月 9 ~ 20 日全场买一送一、今日免单活动每天限 10 位，想不想跟我一样购物还能轻松赚钱。

(3) 不可对商品、产品或服务等进行细节性的产品描述或吹捧性的效果介绍。如来自法国进口材质，全抖音仅此一家；颜值爆棚又实用，一拉一翻轻松变身沙发床；本产品 1 个月保证瘦 20 斤，无效退款。

(4) 不可在视频开头或结尾出现活动介绍和产品宣传等。

(5) 不可长时间（4 秒左右）主体展示商品、产品、品牌、Logo 等。这里的主体展示是指商品、品牌、Logo 等在视频画面中占据焦点位置，达人在店铺或者商铺面前即兴舞蹈，背景中展示出商铺名，不视为主体展示。

(6) 不可在标题中只显示品牌名，可以植入和包含，但不能有吹捧性质的效果引导。

9.3.6　禁止分享的商品类目

除了发布的抖音内容之外，抖音对平台内销售的商品也做出了一些规定，并列出了一些禁止分享和销售的商品类目。抖音禁止分享和销售的商品主要可以分为 13 个类目，具体内容如图 9-9 ~图 9-21 所示。

（一）仿真枪、军警用品、危险武器类

❶ 枪支、弹药、军火及仿制品

❷ 可使他人暂时失去反抗能力，对他人身体造成重大伤害的管制器具

❸ 枪支、弹药、军火的相关器材、配件、附属产品，及仿制品的衍生工艺品等

❹ 安防、警用、军用制服、标志、设备及制品

❺ 管制类刀具、弓弩配件及飞镖等可能用于危害他人人身安全的管制器具

图 9-9　仿真枪、军警用品、危险武器类

（二）易燃易爆、有毒化学品、毒品类

❶ 易燃、易爆物品，如火药等

❷ 毒品、制毒原料、制毒化学品及致瘾性药物

❸ 国家禁止生产、经营、使用的危险化学品

❹ 毒品吸食工具及配件

❺ 介绍制作易燃易爆方法的相关教程、书籍

❻ 农业部发布的禁用限用类农药

❼ 烟花爆竹和烟花爆竹燃放装置

图 9-10　易燃易爆、有毒化学品、毒品类

（三）反动等破坏性信息类

❶ 含有反动、破坏国家统一、破坏主权及领土完整、破坏社会稳定、涉及国家机密、扰乱社会秩序，宣扬邪教迷信，宣扬宗教、种族歧视等信息，或法律法规禁止出版发行及销售的书籍、音像制品、视频、文件资料等

❷ 偷电设备、蹭网卡、蹭网器、拨号器、破网、翻墙码等软件及 vpn 代理服务等

❸ 存在扣费项目不明确、恶意扣费、暗设扣费程序等任何损害用户权益的情况，或含有盗号、窃取密码等恶意程序的商品

❹ 不适宜在国内出版发行、销售的涉政书刊及收藏性的涉密书籍、音像制品、视频、文件资料等

❺ 国家禁止的集邮票品以及未经邮政行业管理部门批准制作的集邮品，以及一九四九年之后发行的包含 "中华民国" 字样的邮品

❻ 带有宗教、种族歧视的相关商品或信息

❼ 反动等含有破坏性信息的产品和服务，如不适宜在国内发行的涉政书刊及收藏性的涉密书籍、音像制品，诈骗网站

图 9-11　反动等破坏性信息类

（四）色情低俗、催情用品类

❶ 含有色情淫秽内容的音像制品及视频、色情陪聊服务、成人网站论坛的账号／邀请码或其他淫秽物品

❷ 可致使他人暂时失去反抗能力、意识模糊的口服或外用的催情类商品及人造处女膜等

❸ 用于传播色情信息的软件、种子文件、网盘资源及图片，含有色情、暴力、低俗内容的音像制品，原味内衣及相关产品，含有未成年人色情内容的图片、写真视频等

❹ 含有情色、暴力、低俗内容的动漫、读物、游戏和图片等

❺ 网络低俗产物

图 9-12　色情低俗、催情用品类

（五）涉及人身安全、隐私类

❶ 用于监听、窃取隐私、泄露个人私密资料、手机监听器或机密的软件及设备等

❷ 用于非法摄像、录音、取证等用途的设备等

❸ 身份证、护照、社会保障卡等依法可用于身份证明的证件等

❹ 盗取或破解账号密码的软件、工具、教程及产物等

❺ 个人隐私信息及企业内部数据，提供个人手机定位、电话清单查询、银行账户查询等服务

❻ 汽车安全带扣等具有交通安全隐患的汽车配件类商品等

❼ 已报废、达到国家强制报废标准、非法拼装或非法所得等国家法律法规明令禁止经营的车辆及其 "五大总成" 等

❽ 载人航空器、航空配件、模型图纸类商品

图 9-13　涉及人身安全、隐私类

（六）药品、医疗器械、保健品类

❶ 一、二、三类医疗器械

❷ OTC 药品及处方药

❸ 保健品

❹ 医疗服务

❺ 所有用于预防、治疗人体疾病的国产药品；所有用于预防、治疗人体疾病的外国药品

❻ 未经药品监督管理部门批准生产、进口或未经检验即销售的医疗器械；其他用于预防、治疗、诊断人体疾病的医疗器械

❼ 依据《中华人民共和国药品管理法》认定的假药、劣药

❽ 兽药药监部门专项行政许可的兽药处方药和非处方药目录药品；国家公示查处的兽药；兽药监督管理部门禁止生产、使用的兽药

图 9-14　药品、医疗器械、保健品类

（七）非法服务、票证类

1. 伪造变造国家机关或特定机构颁发的文件、证书、公章、防伪标签等，非法或仅限国家机关或特定机构方可提供的服务
2. 抽奖类商品
3. 尚可使用或用于报销的票据（及服务），尚可使用的外贸单证以及代理报关、清单、商检、单证手续的服务
4. 未公开发行的国家级正式考试答案，考试替考服务
5. 代写论文等相关服务
6. 对消费者进行欺骗性销售诱导、排除或限制消费者合法权益的服务
7. 汽车类违规代办服务
8. 网站备案、亲子鉴定、胎儿鉴定等服务
9. 票、基金、保险、股票、贷款、投资理财、证券等服务
10. 法律咨询、心理咨询、金融咨询、医疗及健康相关服务
11. 规避合法出入境流程的商品及服务
12. 违反公序良俗、封建迷信类的商品及服务
13. 实际入住人无需经过酒店实名登记便可入住的酒店类商品或服务
14. 未取得旅团游、出境游、签证等业务相关经营资质的商品及服务

图 9-15 非法服务、票证类

（八）动植物、动植物器官及动物捕杀工具类

1. 人体器官、遗体
2. 国家保护野生动植物
3. 严重危害人畜安全的动物捕杀设备或配件以及其他动物捕杀工具
4. 猫狗肉、猫狗皮毛、鱼翅、熊胆及其制品，其他有违公益或对当地生态系统可能造成重大破坏的生物物种及其制品
5. 人类遗传资源材料话清单查询、银行账户查询等服务
6. 宠物活体

* 补充说明：
  * 野生动物：包括国家立法保护的、有益的或者有重要经济、科学研究价值的陆生野生动物、世界\国家保护类动物和濒危动物的活体、内脏、任何肢体、皮毛、标本或其他制成品（比如象牙和玳瑁类制品），已灭绝动物与现有国家二级以上保护动物的化石。
  * 野生植物：被列入世界\国家保护类植物清单的、法律禁止不得销售的植物，或植物产品；国家保护类植物活体（树苗除外）。

图 9-16 动植物、动植物器官及动物捕杀工具类

（九）涉及盗取等非法所得及非法用途软件、工具或设备类

1. 走私、盗窃、抢劫等非法所得
2. 赌博用具、考试作弊工具、汽车跑表器材等非法用途工具
3. 卫星信号收发装置及软件，用于无线电信号屏蔽的仪器或设备
4. 撬锁工具、开锁服务及其相关教程、书籍等
5. 一卡号等，有蹭网功能的无线网卡以及描述信息中有告知会员能用于蹭网的设备等
6. 涉嫌欺诈等非法用途的软件、工具及服务
7. 可能用于逃避交通管理的商品
8. 利用电话线路上的直流馈电发光的灯
9. 群发设备、软件及服务
10. 外挂软件、作弊软件等不正当竞争工具或服务
11. 秒杀器及用于提高秒杀成功概率的相关软件或服务
12. 涉嫌侵犯其他公司或个人利益的手机破解类商品或服务
13. 妨害交通安全秩序的产品

图 9-17 涉及盗取等非法所得及非法用途软件、工具或设备类

（十）未经允许、违反国家行政法规或不适合交易的商品

1. 伪造变造的货币以及印制设备
2. 正在流通的人民币及仿制人民币（第四、五套人民币）
3. 涉嫌违反《中华人民共和国文物保护法》相关规定的文物
4. 烟草专卖品及烟草专用机械
5. 依法应当经行政部门批准或备案后销售商品，未经相关行政部门批准或备案
6. 未取得营业执照或电信网络代理资质销售运营商通讯类产品
7. 已激活的手机卡、上网卡等违反国家实名制规定的商品
8. 未经许可发布的奥林匹克运动会、世界博览会、亚洲运动会等特许商品
9. 国家机关制服及相关配件类商品
10. 未经授权的国家领导人相关的信息或商品
11. 军需、国家机关专供、特供等商品
12. 国家补助或无偿发放的不得私自转让的商品
13. 大量流通中的外币或外币兑换服务
14. POS 机（包括 MPOS）、刷卡器等受理终端
15. 邮局包裹、EMS 专递、快递等物流单据凭证及单号
16. 内部资料性出版物
17. 境外出版物代购类商品或服务
18. 非法传销类商品
19. 国家明令淘汰或停止销售的书籍类商品
20. 其他法律法规规定向文件中禁止销售的商品

* 补充说明：
  * 香烟、烟盒、烟标等，包括电子香烟和戒烟产品。
  * 烟草替代品及辅助工具、无烟烟草制品（如电子烟、IQOS、鼻烟）。* 烟草企业宣传。
  * 烟草企业宣传。
  * 食用盐。

图 9-18 未经允许、违反国家行政法规或不适合交易的商品

（十一）虚拟类

❶ 比特币、莱特币、高利贷、私人贷款、贷款推广等互联网虚拟币以及相关商品

❷ 网络游戏、游戏点卡、货币等相关服务类商品

❸ 外挂、私服相关的网游类商品

❹ 游戏点卡或平台卡商品

❺ 网络账户死保账号或存在交易风险的腾讯 QQ 账号、Itunes 账号、百度账号以及视频类网站账号等账号类商品

❻ 炒作博客人气、炒作网站人气、代投票类商品或信息

❼ 航空公司的积分和里程、航空公司积分／里程兑换的机票；各航司下发文件规定的不合格产品

❽ 酒店类商品或服务、跟团游、出境游、签证等业务的商品及服务

❾ 未经平台许可的用于兑换商品实物或服务的定额卡券、储值卡券、储值服务或将购买款项分期返还的交易

❿ 官方已停止经营的游戏点卡或平台卡商品

⓫ 以支付、社交、媒体为主要功能的互联网用户账号类商品

⓬ 第三方支付平台代付、信用卡代刷服务及其他违反《关于代办妨害信用卡管理刑事案件具体应用法律若干问题的解释》相关规定的商品或服务

⓭ 不可查询的分期返还话费类商品

⓮ 时间不可查询的以及被称为漏洞卡、集团卡、内部卡、测试卡的上网资费卡或资费套餐及 SIM 卡

⓯ 慢充卡等实际无法在七十二小时内到账的虚拟商品

⓰ SP 业务自消费类商品

⓱ 时间不可查询的虚拟服务类商品

⓲ 手机直拨卡与直拨业务、电话回拨卡与回拨业务

图 9-19 虚拟类

（十二）舆情重点监控类

❶ 近期媒体曝光的商品

❷ 由不具备生产资质的生产商生产的，或不符合国家、地方、行业、企业强制性标准，或不符合抖音平台规则规定的商品，经权威质检部门或生产商认定、公布召回的商品，国家明令淘汰或停止销售的商品，过期、失效、变质的商品，以及含有罂粟籽的食品、调味品、护肤品等制成品

❸ 经权威质检部门或生产认定、公布或召回的商品，国家明令淘汰或停止销售的商品，过期、失效、变质的商品，以及含有罂粟籽的食品、调味品、护肤品等制成品

❹ 存在制假风险的品牌配件类商品

❺ 商品本身或外包装上所注明的产品标准、认证标志、生产商信息、材质成份及含量等不符合国家规定的商品

❻ 公益资助贫困儿童／领养动物／保护野生动物（无法核实真实性）

❼ 违禁工艺品、收藏类品

❽ 食药监局明令禁止的商品

❾ 车载音乐 U 盘

图 9-20 舆情重点监控类

（十三）不符合平台风格的商品

❶ 分销、招代理、招商加盟、店铺买卖

❷ 国内／海外投资房产、炒房

❸ 高仿类

❹ 殡葬用品、用具、存放、投资等

❺ 二手类：二手汽车、二手手机、二手 3C 数码产品等

❻ 卫生巾、内衣、丝袜、灭鼠器

❼ 白酒

❽ 其他与抖音平台风格不符合的商品

• 补充说明：

高仿类：

◦ 外观侵权、商标侵权及假冒伪劣产品。

◦ 疑似假货 & 假货类。

◦ 如耐克、阿迪、gucci、coach 等知名品牌；手表、箱包等诸多品类等。

图 9-21 不符合平台风格的商品

　　以上抖音禁止分享和销售的类目，抖音官方平台已经进行了公示。同时，为了更好地规范抖音电商运营者，避免抖音电商运营者分享、销售禁售类目中的商品，抖音针对违规行为给出了对应的处罚，具体如图 9-22 所示。

　　从图 9-22 可以看出，一旦发现违规行为，轻则关闭禁售商品的购物车功能，重则永久关闭对应账号的橱窗分享功能。所以，抖音电商运营者在添加商品橱窗的商品时，最好不要抱着侥幸心理添加违规的商品，否则违规问题一经发现，就

会得不偿失了。

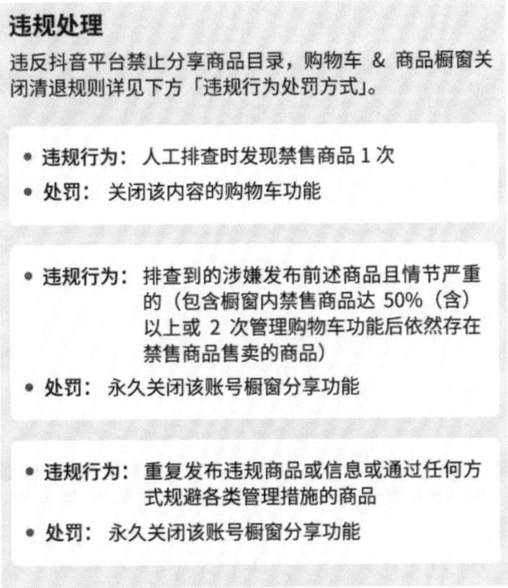

违规处理

违反抖音平台禁止分享商品目录，购物车 & 商品橱窗关闭清退规则详见下方「违规行为处罚方式」。

- 违规行为：人工排查时发现禁售商品 1 次
- 处罚：关闭该内容的购物车功能

- 违规行为：排查到的涉嫌发布前述商品且情节严重的（包含橱窗内禁售商品达 50%（含）以上或 2 次管理购物车功能后依然存在禁售商品售卖的商品）
- 处罚：永久关闭该账号橱窗分享功能

- 违规行为：重复发布违规商品或信息或通过任何方式规避各类管理措施的商品
- 处罚：永久关闭该账号橱窗分享功能

图 9-22　违规处理

第 10 章

问题：抖音容易遇到的疑难杂症

学前提示

　　在抖音账号的运营过程中，我们可能会遇到各种各样的问题。这一章笔者就来对一些常见的问题进行解答，帮大家治疗运营中的各种疑难杂症。

要点展示

- 抖音常见问题的帮助在哪里看
- 新的内容形式，到底什么是 Vlog
- 是否可以删掉播放量低或者质量不好的视频
- 刚玩抖音，如何在短时间内上热门
- 抖音账号被限制了怎么办
- 视频发第二遍或者 @ 小助手会更火是真的吗
- 同一个视频可以发在多个抖音账号或者其他平台上吗
- 发视频加上地理位置，是否会加大推荐力度

10.1　抖音常见问题的帮助在哪里看

很多抖音电商运营者在账号的运营过程中会遇到各种各样的问题，那么，问题出现之后要怎么解决呢？许多运营者首先想到的就是去各种浏览器中搜索问题的解决方案。但是，因为版本更新等问题，即便找到了解决方案，可能相关的内容已经不再适用了。

其实，与其去其他地方找答案，还不如看看抖音给出的方案。抖音对一些常见的问题做出了解答，运营者只需进行如下操作，就能找到相关问题的解决方案。

步骤 01　登录抖音短视频 App，进入"我"界面。点击界面右上方的■图标，在弹出的菜单中选择"设置"选项，如图 10-1 所示。

步骤 02　操作完成后，进入"设置"界面，选择界面中的"反馈与帮助"选项，如图 10-2 所示。

图 10-1　选择"设置"选项

图 10-2　选择"反馈与帮助"选项

步骤 03　操作完成后，进入"反馈与帮助"界面，选择"常见问题"选项，如图 10-3 所示。

步骤 04　操作完成后，即可看到抖音账号运营过程中的一些常见问题，如图 10-4 所示。

步骤 05　抖音电商运营者只需点击需要解决的问题，便可看到相关的解决方案。例如，点击"如何才能上推荐？"，便可进入如图 10-5 所示的"如何才能上推荐？"界面，该界面中对"如何才能上推荐？"这一问题进行了详细解读。

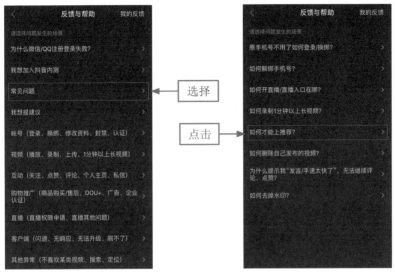

图 10-3 选择"常见问题"选项　　　图 10-4 抖音运营中的常见问题

图 10-5 "如何才能上推荐？"界面

10.2 到底什么是 Vlog

当一个新的内容形式刚出现时，往往无法被准确地描述。在博客、微博、公众号、抖音短视频中"Vlog"一词不断出现之后，大家开始追问"Vlog"到底是什么？

从字面意思理解，Vlog 是英文单词 video blog 的缩写，翻译过来就是"视频日记"的意思。Vlog 的发源地是美国的内容平台"YouTube"，美国人对 Vlog 的定义也非常简单，即一种个人创作的视频类型，最大特征就是有人对着镜头说话。

第一批视频日志于 2016 年正式在中国开始传播，那个时候小咖秀、美拍、秒拍等短视频社区刚刚在国内兴起，自己出不出镜其实不重要，故事才是最重要的。而 Vlog 最重要的是讲好故事，其他视觉效果都是辅助的。

现在大家玩 Vlog，都是通过第一人称或者第三人称以叙述性方式来展现真实的故事。不管是镜头画面、字幕，还是叙述人的"出镜"讲述，其实都是在根据 Vlog 主题完整地叙事。

如最早一批玩 Vlog 的王晓光，现在是一家科技公司的内容负责人，他曾经有一期 Vlog 的题目叫作"有些话即使在日本也很难说出口"，讲的就是王晓光本人到日本旅行，搭错车重来，到目的地才想起忘带充电设备等来回折腾的小波折，最终还是在上海朋友的帮助下解决了问题。在完成了整个"故事"的铺垫、讲述以后，腼腆的王晓光也自然地表达了对"羁绊"的理解。

内容素材和剪辑基本围绕这趟旅行进行，完成 Vlog 主题叙述。诞生在互联网，Vlog 天然具有"分享"属性。想让观众看得懂，内容就需要相对完整、清晰地叙述，最好把握好一个节奏。

非虚构性、叙述者（不管出不出镜）、完整的故事性、个人创作是 Vlog 创作的共识，使它区别于其他视频形式。Vlog 拍什么呢？基本上是诗和远方与一地鸡毛的现实和虚幻生活。

有不少人了解明星欧阳娜娜，她也是国内新一批的 Vlog 拍摄者，在人生的抉择口，重返校园的欧阳娜娜用 Vlog 记录国外留学的生活，比如熬夜赶论文，与家人、朋友聚会。但转一个场景就可以盛装出席看维密秀，还有不少节目录制、杂志拍摄的幕后花絮内容。

在明星与大学生的双重身份下，欧阳娜娜的 Vlog 可看性非常高。事实上，大部分普通人的生活都不可能如此双面和戏剧性。作为没有明星般生活的普通人，我们到底可以拍什么样的 Vlog 呢？

如果你是 Vlog 创作新手，可以参考目前抖音上拍摄最多的题材，比如出门准备、辞职旅行、带娃日常、学习考研等。

在生活日常类 Vlog 中，有个定居在澳洲的华人博主"子时当归"，作为 Vlog 拍摄者，她在 Vlog 中最常做的事是烹饪、吃饭、外出购买食材，记录她日常两餐的制作过程，比如切番茄，倒酸奶，煮咖啡。在她的镜头下固定的、重复的"日常"，也能让观众不知不觉看二三十分钟。

如果你爱旅行，经常爱出去玩，拍旅游 Vlog 就是一个不错的选择，边旅行边拿着相机说话。看到的东西对你来说也是新的，启动起来也相对容易。能不能在旅途的过程中记录下美好的点点滴滴，就需要运用画面、音乐、语言文字来表达出来，这对于拍摄者来说也是一种考验。

其实记录自己真实的生活，对大多数人来说需要面对真实的勇气，拍摄者的真实生活和态度，也是观众喜欢的重要原因。因为"真实和态度"而深受很多创作者喜欢的摄影博主"竹子"，曾经在 2017 年进行一项挑战——连续发布 31天 Vlog，如图 10-6 所示。

图 10-6　"竹子"31 天 Vlog 的相关界面

这 31 天 Vlog 内容包括她到国外工作，帮爸爸庆祝生日，拍摄妈妈骑共享单车，和男友甜蜜或争吵的片刻。比起某一件具体的事，"竹子"在 Vlog 里表现最多的是自己的情绪，以及对事情的看法，她并没有去刻意回避负面情绪。

听到男友回家的声音，兴奋得手舞足蹈，即将分别一个月时难过落泪，"竹子"记录下自己一天里的情绪变化、一段时间里的情绪变化。

不断被记录的生活态度，渐渐构成了"竹子"其人。她是自信开朗的，同时也是感性的。在爱情中充满了浪漫，同时有着强烈的自我。抛开 Vlog 提供的信息量，"竹子"仿佛成为观众生活中认识的朋友。让人感受到真实并接受的前提是，她的视频镜头足够流畅，本人在镜头前也能够自如地表达。

Vlog 在抖音还未真正的大火，观众群体相对来说比较年轻，但正是由于受众人群年轻，他们对视频内容接受度较高。只要内容有趣，就能获得受众，会有越来越多的人模仿，通过自述的方式记录自己的生活，勇敢地展示自己。

很多人在拍摄 Vlog 时用的并不是专业摄影器材设备，一部高清像素的手机就能拍摄，加上自拍杆，手不抖保持画面稳定，简单地转换场景，再加上后期配音，就能制作出精彩的 Vlog。

所以笔者敢断定，随着 5G 时代的来临以及拍摄设备的便利，Vlog 将会在未来成为短视频的主流，你准备好提前迎接这次挑战了吗？

10.3　是否可以删掉播放量低或者质量不好的视频

看到这个问题，肯定有人会感到疑惑。删掉自己不满意的作品，还不是想删什么删什么，这还需要解答吗？

我们需要知道的是，抖音并不是你想干什么就干什么的地方。任何频繁或者特殊的操作，都有可能被抖音监控并限流。所以在看这本书之前，你怎么放飞自我都行，但是现在你要注意了。

碰到自己播放量低或者不符合自己人设的作品，你完全没必要删除掉，直接隐藏就好。隐藏功能在作品的右侧有三个白点，点击并进入后，你会看到有个权限设置的功能，然后选择设为私密就 OK 了。

这样既避免了频繁删除的行为，又能够给后面的粉丝留下清爽统一的视频风格和人物形象。很多抖音号表面上看只有几个作品，实际上却有几十万甚至几百万点赞，其实在他之前早发了好几个作品，只不过后面内容调整就陆续隐藏掉了。

另外，如果你发现自己曾经发的播放量低的作品有广告怎么办？这个时候你就要陆续删除掉了，所谓的陆续删除就是隔个一两天删一个，让你的广告悄无声息地消失掉。

为什么我们的操作要如此小心谨慎呢？主要是担心触发抖音的报警机制，原本你发的广告之前有可能没被抖音发现，结果你现在突然大批量删除带有广告的视频，一旦被抖音监控到，你就很容易被判为营销号。所以，大家在操作过程中，一定要小心谨慎，不要随心所欲。

最后，笔者要向大家强调，在你的人设和视频拍摄方向没想清楚之前，不建议你自己发布视频，如果前几个视频的互动比不行，也就是给你点赞、评论、完播、关注、留言等数据反馈都不高，你的账号将会慢慢沦落为低权重账号。抖音是一个鼓励优质原创的社区，流量就这么多，它当然愿意分给能持续拍出优质作品的作者。

如果你想练手，完全可以用手机拍摄制作完毕后，发到你的微信朋友圈或者私信好友，看看大家的反应，如果反响平平，就需要你再次优化了。

笔者看到很多朋友经常自嗨，拍出来之后特别有成就感，觉得就我这样的作品肯定得火，结果放到抖音发现推荐播放量低，基本没有用户评论、转发。

10.4　刚玩抖音，如何在短时间内上热门

抖音的涨粉方式相当纯粹，发视频用内容来吸引粉丝关注即可。在这个过程中，最为快捷的涨粉方式就是抖音平台自身给予的流量推荐，也就是我们常说的上热门。

很多人经常在抖音刷热门，自己却从来都没有上过热门推荐。其实在抖音上热门，只要掌握了一定的套路和思维，哪怕没有颜值和才华，也能结合自己的优势在短时间内上一次热门。

当你的新视频发布后，平台会根据你当前账号的权重给予你一定的初始推荐流量，所以这就是笔者要反复强调前五个视频所影响的初始权重这么关键的原因了。

假设你这个作品初始推荐流量为 500，平台则会让你的视频出现在 500 个与你的视频类型相匹配的用户面前，一般是先出现在"同城"中。然后平台会根据这 500 个用户的行为反馈来决定是否给予你后续的流量推荐。

如果 500 个用户中，有 400 个完整地看完了你的视频，甚至还有留言关注或者点赞、转发的行为，那么你有很大概率会获得后续更多的流量推荐。反之则会停止推荐，这也是很多视频在播放量涨到一定数字后就停滞的原因。所以人为地制造用户数据，其实并不会给你的视频在上热门时带来任何助力。

回顾完上热门的推荐原理之后，接下来笔者就来告诉大家一条如何快速上热门的核心技巧：参与官方热点或者热门话题是快速上热门的最佳路径。

抖音其实对部分内容是有流量扶持的，尤其是平台的热搜榜单和热门话题，当你看到适合自己的内容时，你就要积极地参与。无论是跟拍还是模仿，你的内容一定要差异化，有反转，最好是能够完美地与热点契合起来。

例如，之前大家都在参与的变身话题，大部分的人是变身动漫的形象。有一个抖音账号叫"阿修罗"，前面没发几条作品，看到这个热门后，他就选择一个女人合拍变身汤姆猫，这个作品瞬间获得了抖音近千万播放量。

用户都是爱跟随潮流的，只要有 BGM 火了，就快速地把背景音乐套入自己的视频中，用户在刷到这个视频时就会觉得这个音乐很熟悉，有亲切感。无论是当下流行的拍摄形式，还是音乐，只要你能够抓住这些热点，就能够获得抖音的流量推荐和扶持。

总体来说，抖音上热门是一个熟能生巧的过程，想要上热门、涨粉，还需要你花时间不断地培养网感，用勤奋来弥补自身的不足。只要你肯花心思，没有你上不了的热门。

10.5　抖音账号被限制了怎么办

有很多人向笔者反映自己的账号被限制了，这是为什么呢？下面就为大家详细介绍账号被限制的原因和解决办法。

抖音账号被限制主要分为两种情况。

第一种是限流，也就是发布的内容仅自己或者粉丝可见。之所以被限流，原因有很多，很可能是涉及垃圾信息、营销广告、政治或者更严重的像刷粉等一系列抖音禁止的行为。

一旦被限流，你发的任何作品几乎不可能得到平台大力推荐的机会，这相当于你被抖音关小黑屋了。这种情况的限制一般有一定的时效性，因为抖音会隔一段时间进行一次评级，只要在此期间按照笔者讲的养号方法养号就能恢复权重。

至于养号的时长，如果你的作品还有几十个自然推荐量的低权重账号，养个3～5天就行。如果你的账号最近所有作品除了自己的点击播放量，几乎再没有任何推荐量，像这种情况你就需要养半个月到一个月左右。

以上两种情况，无论哪种情况，在养号期间最好不要再发作品了。尤其是被关进小黑屋的账号，除了不发作品外，也不要有任何资料修改和其他频繁操作的行为。

第二种是封号，这种情况一般是无限期封禁，而且比较严重的是封你的注册手机号和手机 IP，也就是说，只要是用该手机或者电话卡上抖音都不行了，简而言之就是你这部手机和电话卡再也不能玩抖音了，发生这种封禁的情况一定是你的抖音号被抖音检测到有多次违规的行为。

解决的办法只有一个：可以尝试通过申诉解封，不过抖音的工作人员太忙了，没空理会你，除非你在抖音有关系，否则恢复的机会是非常渺茫的。面对封号难以解封的情况，笔者建议大家直接换一部手机和一个手机号重新注册。

最后，再次提醒大家，你的抖音号未来会很值钱，请大家务必珍惜自己的抖音号，在使用抖音的过程中严格按照抖音公约的要求进行规范操作。

10.6　视频发第二遍或者 @ 小助手会更火，是真的吗

大家有没有发现，有一些人在发布的短视频文案中写道"听说发第二遍会火"，如图 10-7 所示。还有的人总是喜欢在短视频中 @ 抖音小助手，如图 10-8 所示。那么，视频发第二遍和 @ 抖音小助手究竟有没有用呢？

先来看一下视频发第二遍会不会更火这个问题。其实，这个问题我们只要稍加思索，便能知道答案了。世事无绝对，并不是说你将原来的视频重新发一遍便可以让它变得更火。

图 10-7　包含"听说发第2遍会火"的视频

图 10-8　@抖音小助手的视频

　　一个视频是否能火，与许多因素有关。虽然随着抖音号的运营，大多数账号的粉丝量会不断增加，此时将视频重新发一遍，看到的人可能会比第一次发的时候多。但是，此时抖音用户可能对该视频的内容已经见怪不怪了，在这种情况下，视频要想火就比较难了。

　　那么，@抖音小助手会不会让视频更火呢？在回答这个问题之前，我们有必要先对抖音小助手进行一个了解。其实，抖音小助手是抖音官方工作账号，你可以将抖音小助手理解为我们以前在玩网络游戏中的GM，也就是抖音的管理员。

　　没有关注抖音小助手的人一定要关注，因为通过抖音小助手可以看到抖音每周精品的视频内容和热搜大事件，关注了抖音小助手，你就能了解抖音里最近在流行什么以及平台扶持的内容动向，这能为你制作短视频提供非常好的思路。

　　很多抖音新手玩家之所以要@抖音小助手，就是希望能够引起小助手的注意，然后通过人为干涉来推荐他的作品上热门，毕竟抖音小助手作为管理员，他是有权将自认为有潜力的视频推荐上热门的。

　　那是不是说只要是@了抖音小助手就一定会上热门呢？答案当然不是，毕竟抖音每天更新的视频作品多达几十万甚至上百万，作为抖音的管理员，哪怕有很多人，也是看不过来的。所以想要被推荐上热门，最直接的办法还是拍摄优质的视频，有了视频的点赞、完播、留言、转发、关注等互动数据，自然也就会得到抖音的推荐机会。

所以，在刚玩抖音的时候，如果你对自己的作品超级有信心，你可以尝试@抖音小助手，这样确实在一定程度上有助于你上热门，但是最终能不能上热门，还是要看视频是否足够优质。

10.7　同一个视频可以发在多个抖音账号或者其他平台上吗

最近有人向笔者反映，自己的账号权重比较低，想把自己以前的作品发到新注册的抖音号上，问笔者是否可以。

答案当然是不可以，因为抖音在审核刚发布的新作品的时候，会通过审核机器每帧每秒来进行查重，如果作品相似度较高就会被判定为搬运，哪怕是你自己拍的原创视频也不行。因为抖音是不可能让重复的视频在抖音的流量池中出现的，这样也会影响用户的观看体验。

是否可以将自己的作品分发到其他短视频渠道呢？比如像快手、微视、全民小视频、秒拍等平台。这个是可以的，不过为了获得抖音更多流量推荐，建议选择在抖音首发，也就是先在抖音这个渠道发布，如果反馈数据不错就继续等待作品进入下一个流量池，直到结束推荐后，再将你的作品分发到其他渠道上。

在这里，我建议大家把抖音作为短视频变现的主要战场，毕竟抖音是以内容为导向的平台，只要你的内容好，人人都有快速上热门的机会，至于其他渠道可以作为辅助渠道进行分发。当然，如果你在抖音渠道一直没有起色，在其他渠道玩得特别好，就建议某个平台推广力度大和涨粉快，将玩得好的渠道作为你的首发渠道。

10.8　发视频加上地理位置，是否会加大推荐力度

在抖音的发布页面，有一个添加位置的选项，点击进入之后就可以选择要定位的位置。很多人为了保护自己的个人隐私，不太愿意将自己真实的信息展示出去，那么发布作品时究竟有没有必要加上自己真实的地理位置呢？

答案是一定要加，首先可以选择附近3公里范围的标志性建筑，这种位置人流量大，而且也不会泄露你太多的真实信息。另外，抖音在第一波推荐的时候会优先推荐给同城的人，所以加上地理位置不但让你显得更真实，而且会使你和粉丝产生更多基于地理位置的互动和亲切感。其实，抖音这样做也是旨在提高粉丝的社交需求和活跃度。

加上自己真实的地理位置，不单单让你作品的互动比有所提高，而且能够提高自己线下店的品牌曝光度以及增加客流量。在抖音上，有很多商家认证企业号后，通过优质的内容上了热门，因为留下了自己实体店的地址瞬间提高了不少客流量。

在抖音中有一个卖麻辣烫的账号叫"喇叭哥餐饮"，就是在自己的作品中留下了他的店铺地址，如图 10-9 所示。

图 10-9 "喇叭哥餐饮"发布的抖音短视频

很多喜欢喇叭哥的粉丝从外地赶过来吃他家的麻辣烫，他家的麻辣烫真的很好吃吗？不是，是因为喇叭哥说话幽默风趣，所以很多粉丝都想现场过来感受一下，有很多人也只是过来打一下卡，拍几张照片，以证明自己来过。

无论地理位置是对提高互动比还是对自己实体店品牌曝光都有非常大的好处，所以大家在发布视频的时候一定要记得加上地理位置。

10.9 发布的视频一直处于审核中的原因是什么

有很多学员在交流群里问笔者：为什么自己在抖音发布的作品一直显示在审核中，还有的是已经发布成功且可以正常观看，点击下载的时候却显示在审核中。

为什么会出现这样的问题呢？通常有两个方面的原因。

(1) 你的作品疑似有违规的情况发生。这个时候你就要按照常见的违规情况——检查，避免发生类似的情况。

(2) 你的账号权重比较低，所以审核时间比较长。如果你上传的视频审核时间经常超过 1 小时以上，这种情况你就要注意了，要有意识地提高作品的质量，并精心进行养号。

有时候视频审核特别慢，不一定是你的问题，有可能是因为政治因素。比如国家两会或者特殊新闻事件，都会导致你的作品被删除或者延长审核时间。这些情况其实很正常，大家也不用担心，在发布作品的时候不要蹭国家时政的热点，也不要蹭负面新闻的热点，因为抖音对这方面的管控比较严格，也许一不小心你的账号就被封禁了，所以大家一定要谨慎，切记！

最后，如果遇到抖音整改和严打阶段，审核慢也很正常，大家也不要抱怨抖音的审核速度，毕竟每天都有至少几十万条的视频发布，抖音审核人员也忙不过来。一般来说，大多数情况在两天之内就能完成审核，如果出现作品可以正常观看却无法下载的情况，先等待两天的时间，如果还是不能转发就可以删除重新发布该视频。

10.10　被抖音降权有哪几种原因

有很多人在交流群中问笔者：怎么才能看出我的账号被降权了？

笔者向大家细讲一下，被抖音降权的几种方式。

(1) 仅粉丝可见。你发布的作品，只有关注你的粉丝才可以看到，别人是看不到的。出现这种情况，一般是因为你被抖音检测到曾经有过广告行为或者作品画质比较差，作品比较乱。

(2) 接到官方处罚通知，但仍旧能够正常使用。发生这种被抖音发消息警告的情况，一般都是比较轻微的，如作品涉嫌搬运或者有水印等。

(3) 仅自己可见。你以为自己发布成功了，其实别人根本看不到，也就是说，发了等于没发。这种情况也叫"关小黑屋"，你只能自己跟自己玩。

(4) 对于连续违规的账号，抖音会进行封禁甚至清除。这种情况的降权，就是非常严重的了，基本宣告抖音已经完全把你所有的配套信息全部拉黑，包含你的注册手机号、手机 ID、身份证号以及绑定的头条号等信息。这也就意味着哪怕你注销掉你的抖音号，重新注册新的账号仍旧无法正常使用。

以上四种情况，是不同程度的降权方式。如果发生第一种和第二种情况，只要后续不再违规，通过养号和发布优质作品，基本还能养回来。如果发生第三种和第四种情况，就建议换一部新的手机、手机号和身份证了。

当然，还有最后一种情况，就是你没有发过任何作品，也没有任何广告行为，但是因为自己频繁操作，比如短时间内大量点赞或者关注别人，再如自己频繁修改个人资料。有上面这些行为，抖音也会给你降权，并且不会给你任何推荐量。

其实这个原因很简单，抖音太忙了，没有工夫天天审核你的资料，干脆就给你警告，顺带降权。有这种情况的人，一定要合理使用抖音，正常养号，提高自己作品的优质度就好了。

10.11　抖音的 DOU+ 付费推广要不要做

DOU+ 就是一个用来推广自己短视频的内置功能，它可以帮助大家快速提升抖音视频的播放量，将视频推荐给更多的用户。

根据官方的说法，使用抖音的 DOU+ 功能的时候，会将视频展现给每一个用户，按照达成播放量的数额来扣除投放金额，直到视频达成预计投放提升的播放量为止。如果使用 DOU+ 功能后，在 48 小时内还未达成预计播放量的话，系统就会将未消费部分的金额退还到 DOU+ 账户里。所以抖音的推广效果自然有保证，否则官方肯定赚不到钱了。

DOU+ 的审核时长一般是在白天的 0 ~ 1 小时，如果你夜间投放，审核时间就会长一些。如果审核不通过，你所充值的费用预计会在 3 ~ 48 小时退还到 DOU+ 账户中。

目前 DOU+ 投放支持两种定向模式。

模式 1：系统智能投放。系统会智能选择可能对该视频感兴趣的用户或潜在粉丝，对其进行视频展现。

模式 2：自定义投放。客户自主选择想要看到视频的用户类型，也可以性别、年龄、地域、附近商圈等方式进行投放。

使用了 DOU+ 的视频，加热最长持续时间不超过 48 小时。遇到视频内容的"权限设置"修改为私密或者删除的情况可能会停止加热。

在这里笔者要向大家讲一下展现量和播放量的区别：展现量为视频展现的次数，即视频被用户看到的次数；播放量为视频播放总次数，里面包含了粉丝多次点击播放的次数。

另外，很多人担心投了 DOU+，在花了钱后，自己的作品达到了互动数据比，抖音会不会故意不给推荐了。其实，无论你投不投 DOU+，只要你的互动比达到下一个流量池的推荐比，就会自动进入下一个流量池。只要你前期的自然推荐量互动比高，就完全可以利用 DOU+ 进行加速，也许互动比提高起来后就进入下一个流量池了。

她总共花了几百元钱，抖音给了超 500 万的播放推荐量，点赞量有 37 万，2000 多人在评论区询问商品并购买链接，就单单这款商品让她在抖音真正体验到了什么叫赚到了钱。她的粉丝在短短半个月的时间也暴涨到 7 万多，而且时不时就有作品上热门。

第一次上热门对她来说别提有多兴奋了，自从掌握了投 DOU+ 的套路后，现在对上热门已经习以为常。为了避免有人说笔者在夸大其词，以为笔者在给抖音打广告，笔者专门把这位学员在群里案例指导的截图发到了朋友圈。

所以，如果你的作品前期互动比数据不错，你就可以借助 DOU+ 加速，现在你学会了吗？

10.12 收到被抖音降权的通知后，该如何正确申诉

很多人因为不懂抖音的规则，导致违规操作而被抖音限流，有些被误判的情况向抖音解释后，其实是可以恢复权重的，究竟要如何正确申诉呢？具体操作步骤如下。

步骤 01 登录抖音短视频 App，进入"反馈与帮助"界面，点击界面右上方的"我的反馈"按钮，如图 10-10 所示。

步骤 02 进入"我的反馈"界面，点击界面下方的输入框，如图 10-11 所示。

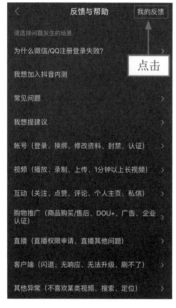

图 10-10 点击"我的反馈"按钮

图 10-11 点击输入框

步骤 03 操作完成后，进入"反馈"界面，在该界面中描述问题，如果有特殊需要的话，可以配备相关图片。问题描述完成之后，点击上方的"提交"按钮，即可对相关问题进行申诉，如图 10-12 所示。

例如，因为重复发布自己的作品，收到抖音警告你搬运的通知，就写出原因和提交截图以此来证明自己是被冤枉的。如果你不知道应该怎么写，笔者可以提供一个模板。

"抖音客服同志您好，知道您的工作繁忙，我 ×× 月 ×× 日在贵平台发布了 ×× 内容，都是我本人自己原创的。因为不太熟悉平台的规则，现在收到了搬运通知，我深表遗憾。我所提供的截图都是自己制作视频的流程，可以证明这些都是我自己原创的，并没有搬运其他人的作品。可能是我不知道的其他原因，

让系统误判为搬运。担心此次警告会降低我的账号权重，所以希望您能抽空恢复我的权重。再次感谢您的付出和理解，期待您尽快回复！"

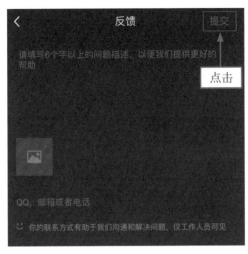

图 10-12　点击"提交"按钮

当然，如果你是真的违规了，就老老实实地养号和提高自己的作品优质程度。

最后告诉大家，如果你的个人号因为发广告而被限流了，可以花 600 元申请蓝 V 认证成为企业号，申请成功后就可以恢复权重。这对于发广告而被限流的用户来说是最直接有效的方式。

当然，在这里笔者要告诉大家，蓝 V 认证也不是广告的护身符，如果你后面还是直接打广告，抖音还是不会给你推荐量，所以一定要严格遵守抖音的规则，切记不要硬广植入。

10.13　以往的作品为什么会突然被"引爆"

不少人在玩抖音的过程中，会发现自己以前的某个视频播放量突然变高，甚至还上热门火了，这又是为什么呢？

老作品之所以会火，主要有两个方面的原因。

第一个原因，其实就是抖音会隔三岔五地重新挖掘一些以前在数据库里发布的视频，并且推荐一波精准人群，如果互动比数据不错，那么抖音就会将以前的内容推荐到下一个流量池。

这些老作品之所以能被"引爆"，前提是作品的质量好，可看性确实高，其次就是你在后面已经发布了很多垂直的内容，你的作品标签渐渐变得更清晰了，只有这样，系统才能给你匹配上精准人群，你的互动比数据才会高起来。说白了，只要你的作品优质并找对了合适的受众，老作品重新火爆起来就是自然而然的事了。

第二个原因，我们可以称之为"爆款效应"。这是什么意思呢？就是只要你有一个作品上热门，在那个时间段内就会有大量的粉丝涌入你的主页，查看你以往的视频，如果发现有真人出镜或者标题特别有意思的作品，粉丝第一时间就会点击这些视频来了解你。

如果你的某一个作品在短时间内完播、留言、转发等比较高，就能够将作品推荐到下一个流量池，那么上热门的机会自然也就更大了。

其实很多垂直内容的创作者，尤其是后期真人出镜的账号，往往是因为某一个视频的"火爆"，直接把其他几个优质视频"点燃"，形成多点开花、全盘爆炸引流的盛况。

笔者把这个问题单独拎出来讲，其实就是想告诉大家，可能你自己很有才华，作品也很优秀，前期因为粉丝推荐得不够精准，没有机会进入下一个流量池，也请你不要着急，更不要放弃，是金子总有发光的一天。

其实很多有几十万甚至上百万粉丝的达人都经历过类似的情况，前面几十个作品也才有几千个粉丝，直到某一个作品突然爆了，粉丝翻开其以前的作品，发现账号有价值，于是就关注了。

如果前期没有精心准备和设计，即使某一天你的一个作品突然火了，但是没有人关注，那也没有什么意义。

所以，不管你现在处于什么阶段，只要你不断地调整和优化自己的作品，你就一定有机会火起来。要相信，运气总是留给那些有准备的人的。

10.14　前期能不能买粉丝刷点人气

笔者身边有很多学员，在1分钟的长视频权限还没有全面开放之前，为了增加人气或者开通1分钟长视频就花了几十元钱买粉丝。

这样的行为真的非常可怕，因为抖音严厉禁止买粉和刷赞的行为，一经检测，轻则降权，重则关小黑屋，无论怎么养号，权重还是无法恢复。

有人肯定会说，我就买了点粉，抖音至于这样严苛吗？其实这个道理比较简单，外面那些加粉渠道，先不说你买的是真实粉，还是僵尸粉，如果你花几十元钱就能买到几百甚至几千粉，那么对那些认真做内容涨粉的人来说就很不公平了。

最关键的是，外面那些买粉的赚钱了，和抖音毫无钱关系，而且抖音的DOU+从侧面来说也是一个官方加粉的通道，如果抖音不加以管控，外面那些加粉渠道卖得这么便宜，以后谁会还通过DOU+来涨粉啊？！

可能有人还是抱有侥幸心理，想着自己曾经加过粉，甚至还获得过抖音推荐，到现在不也很安全吗？

你要这么想，就真的小看抖音的技术了。抖音给每个权重都有不同的推荐量，如果你的作品推荐量比较少，而且在没有借助 DOU+ 加速的情况下，你的互动比数据突然蹿得很高，就会被抖音标记异常。

所以，不是抖音现在不处理你，只是还不到时候，毕竟现在刷粉的人也多，它清理也需要一定的时间。如果不赶紧悬崖勒马，一旦被抖音监控到你多次刷粉，账号一定会给你重置，到时候就真的会得不偿失了。

因此，前期千万不要为了让数字好看而买粉。外面那些所谓的热门套餐，保你上热门的信息全是假的，大家千万不要相信。你只需记住一句话，外面收钱的全是骗子，请勿上当受骗！

10.15　抖音账户被盗了怎么办

随着抖音的火爆，也催生了很多黑色产业和骗子。笔者的某位学员收到私信通知，告知因为本周活跃度被抖音抽取为特邀接单用户，享受接平台广告的权益，请回复"需要"和"不需要"。

因为这位学员当时看到头像是抖音小助手的，就抱着试试的心态回复"需要"，就收到抖音官方推广网站，这位学员按照网站的指引填写完基本资料，然后输入绑定手机号的验证码，最后手机号被对方换绑，也就是所谓的账号被盗了。

如果某一天你也遇到这种情况要怎么办呢？

笔者有账户追回的处理方案，按以下处理即可。

请准备好下面相应的材料，并发送邮件至官方邮箱：feedback@douyin.com 即可，将邮件主题命名为【申诉资料 + 抖音昵称】。

需要准备的材料如下：在网上下载并填写《账号申诉申请函》，打印纸质版并签字，上传电子版（命名为昵称＋抖音 ID＋申请函）以及附有签名的纸质版照片。

本人手持身份证和写有"仅用于抖音盗号找回"纸张的照片，且二者在同一照片中，字迹清晰可辨。

本人被盗经过的详细阐述，可附上诈骗方账号信息，以及所有截图证据（请将图片证据汇总至同一 Word 文件中，命名为昵称 + 抖音 ID+ 阐述被骗经过）。

准备好上面的材料后，发送至邮箱，抖音会在 24 小时内给你反馈，接下来耐心等待即可，只要你绑定了自己的真实身份，一般就能把账号找回来。

最后友情提示大家，抖音官方不会以任何名义索要个人手机验证码，凡是要验证码的陌生人都是骗子，切记！